Traxler

Die Wahrheit über Hänsel und Gretel

Hans Traxler

Die Wahrheit über Hänsel und Gretel

Die Dokumentation des Märchens der Brüder Grimm

Mit Fotografien von
Peter von Tresckow
und Wilkin H. Spitta

Philipp Reclam jun. Stuttgart

RECLAMS UNIVERSAL-BIBLIOTHEK Nr. 18495

Lizenzausgabe mit freundlicher Genehmigung von Zweitausendeins.
Postfach, D-60381 Frankfurt am Main.
www.Zweitausendeins.de
Satz und Litho: SchwabScantechnik, Göttingen
Druck und Bindung: Reclam, Ditzingen
Printed in Germany 2007

ISBN 978-3-15-018495-0

www.reclam.de

Die Wahrheit
über
Hänsel und Gretel

Die Bakkerhexe (nach dem Kupferstich in der Wernigeroder Handschrift)

»Ach Vater«, sagte Hänsel, »ich sehe nach meinem weißen Kätzchen, das sitzt oben auf dem Dach und will mir Ade sagen.« Die Frau sprach: »Narr, das ist dein Kätzchen nicht, das ist die Morgensonne, die auf den Schornstein scheint.«

Brüder Grimm,
Hänsel und Gretel

Einführung

An einem grauen Januarmorgen des Jahres 1945 dampfte ein Personenzug die ersten Anhöhen des Spessart hinan. Im Wagen hinter der Lokomotive saß ein Mann in einem graugrünen Lodenmantel und schaute verschlafen auf die verschneiten Wälder. Nur noch wenige Monate, dann würde der Krieg zu Ende sein.

Der Mann, ein junger Mittelschullehrer mit Namen Georg Ossegg, war mit dreißig seiner Schüler aus dem damaligen Protektorat Böhmen hierher evakuiert worden. Sowenig er wußte, daß der Krieg nun bald überstanden sein würde, sowenig ahnte er auch, daß dieser Zug ihn an den Schauplatz eines der letzten Abenteuer der modernen Altertumskunde bringen würde.

Siebzehn Jahre später stieß der gleiche Georg Ossegg hier auf die Spuren der historischen Vorbilder von Hänsel und Gretel. Ein neues Kapitel im Buche der Archäologie war damit aufgeschlagen.

Je weiter seine Arbeit fortschritt, desto sicherer war der Forscher, auf den harten Widerstand der etablierten Wissenschaft zu stoßen. War er doch hier in eine Tabuzone eingebrochen, die bisher als unverletzbar galt. Obwohl Grimms Märchen nach der Lutherschen Bibelübersetzung das meistgelesene Werk der deutschen Sprache sind, hat die deutsche Märchenforschung bisher nicht mehr erbracht als Mutmaßungen über Symbolisches, Vergleiche mit fremden Märchenkulturen und allerlei philologisches Rankenwerk. Die Dokumentation eines Märchens zu versuchen galt bisher als unwissenschaftlich und absurd.

Auch die Archäologie als zweite betroffene Fakultät hat für die Märchenforschung stets nur ein Achselzukken übrig gehabt. Nur der Volksmund wollte sich damit nicht zufriedengeben. Im angeborenen Drang, das Wort sichtbar zu machen, glaubte er hier einen Rapunzelturm zu sehen, da einen Rotkäppchenhain oder einen Rübezahlacker. Aber mehr als romantische Namensgebungen sind dies nicht und können es auch gar nicht sein.

Bei diesem Zustand halten wir nun schon seit 150 Jahren. Aber hatte sich die Menschheit nicht seit je gesträubt, einen Einbruch in das Reich des Mystischen hinzunehmen? Heinrich Schliemann war der erste, der das zu verspüren bekam. Als Schulbub war er schon davon überzeugt, daß die Ilias mehr als nur eine Volkssage sei.

Damit stand er frontal gegen die herrschende Schulmeinung. Hatten nicht sogar die Götter in den Kampf um Troja eingegriffen? Was anderes als ein Märchen konnte man also darunter verstehen?

Aber Schliemann war anderer Meinung, und er konnte es beweisen. Als reifer Mann bestieg er ein Schiff, fuhr nach Kleinasien, fand die Mauern von Troja und grub sie aus. Sein einziger Anhaltspunkt war Homers Text gewesen. Nach ihm kam eine ganze Reihe von Spatenforschern, die Mythen, Sagen und Legenden aufhellten und Beweise für deren reale Existenz liefern konnten.

Koldewey grub den sagenhaften Turm von Babel aus.

Arthur Evans stieg in das legendäre Labyrinth des Minotauros hinab.

Die Irrfahrten des Odysseus wurden rekonstruiert und die Straße, die die Nibelungen zogen, bevor sie an Etzels Hof untergingen.

Immer tiefer drangen die Spaten in den Humus unserer Kultur ein. So verfügen wir heute über eine sehr hübsche Wiederherstellung des Kopfschmucks der Königin Schub-Ad. Sie regierte vor 5000 Jahren.

Wenn aber einer die Frage stellen würde, welche Haartracht Schneewittchen getragen haben mag, würde er als Phantast angesehen.

Gerade das war aber eine der Fragen, die Georg Ossegg sich allen Ernstes stellte; er war sich wohl bewußt, damit auf einem äußerst heiklen Boden zu operieren. Wie sehr ihn die zu erwartenden Angriffe der Fachgelehrten schreckten, wird schon daraus sichtbar, daß er, wie vor ihm schon Charles Darwin, lange zögerte, seine Forschungsergebnisse zu veröffentlichen.

Einer der glücklichen Zufälle, an denen die Geschichte der Entdeckungen so reich ist, brachte mich bereits im Spätsommer des Jahres 1962 mit Georg Ossegg in Berührung.

Eben hatte er, ganz auf sich allein gestellt, die Fundamente des Hauses auf dem Engelsberg freigelegt. Schon damals war ich angezogen von der Unvoreingenommenheit, mit der Ossegg an die Arbeit ging. Hier kam ihm zu Hilfe, daß er Laie war. Aber vergessen wir nicht, daß es in der Archäologie von Laien nur so wimmelt:

Thode-Torpenroth, der Aschkai ausgrub, Cumberland. Lobenstein-Barandow und Grieben, der große Thomas A. Grieben, der von Beruf eigentlich Börsenmakler war und doch das wahre Gold erst 10 Fuß unter der Erde fand.

Ich selbst habe mich darauf beschränkt, den Forscher zu ermuntern und ermutigen, und, als die ersten greifbaren Ergebnisse vorlagen, gemeinsam mit ihm an der Polytechnischen Versuchsanstalt in Erbenheim die chemischen und radiologischen Versuche durchzuführen.

Dr. Helmut Petschau-Hartlieb
Privatdozent

Jugendjahre eines Märchenforschers

Im Leben eines jeden Kindes kommt einmal die Stunde, da es an der Realität von Rotkäppchen und dem bösen Wolf zu zweifeln beginnt. Der erwachende Geist mag die Legende von der wunderbaren Auferstehung des kleinen Mädchens aus dem Bauch des Ungeheuers nicht mehr ohne weiteres hinnehmen. Was für viele Jahre Gestalten aus Fleisch und Blut waren, mit einemmal sind es nur noch Ausgeburten der elterlichen Phantasie.

Das war nicht immer so; noch vor zwei-, dreihundert Jahren wurde das Bewußtsein auch der Erwachsenen viel stärker von Mythen und Mären bestimmt. Das hat viel Unfug ermöglicht; der Hexenwahn ist nur ein Beispiel dafür. Obwohl die Aufklärung sich redlich bemühte, Licht in die Gehirne zu tragen, gibt es auch heute noch Landstriche, in denen der Aberglaube üppig gedeiht.

Auf solchem Boden, in Prag, der Stadt des Golem, wurde Georg Ossegg am 21. Mai 1919 geboren. Mit zwei Jahren kam er zu seinen Großeltern auf die böhmische Seite des Erzgebirges, wo er fortan aufwuchs.

Bis zu seinem siebenten Lebensjahr unterschied Georg sich in nichts von seinen gleichaltrigen Spielgefährten. Er hörte Märchen für sein Leben gern und nahm jedes Wort für bare Münze. Irgendwann im Jahr darauf muß sich in ihm eine Wandlung vollzogen haben. Zwar hörte er immer noch gerne zu, wenn Märchen erzählt wurden, aber er ging jetzt dazu über, sie mit seiner wachsenden Lebenserfahrung in Einklang zu bringen. »Warum soll eigentlich Schneewittchen nicht gelebt haben«, pflegte er seinen spöttischen Schulkameraden zu antworten, »was ist so besonderes an ihm und an den Zwergen und der Stiefmutter. So was gibts doch alle Tage.« Es war nicht immer leicht, das, was in den Märchen geschah, gegen die Argumente der exakten Wissenschaften zu verteidigen. Eine dafür besonders bezeichnende Geschichte ereignete sich an seinem elften Geburtstag.

Georg hatte von seinen Großeltern, die seine Vorliebe für Märchen nach Kräften förderten, die besonders schöne, von Vogeler-Worpswede illustrierte Ausgabe der Grimmschen Hausmärchen bekommen. Besonders faszinierte ihn die Geschichte vom Töpfchen mit dem süßen Brei.

Als die beiden alten Leute am späten Abend, es war der 21. Mai 1930, von einem Besuch bei Nachbarn nach Hause kamen, erschraken sie sehr. Aus der Tür zur Waschküche wälzte sich eine gelbliche Wolke beizenden Qualms, in der sie nur ab und zu die Silhouette ihres Enkels herumwirtschaften sahen. Auf dem Ofen stand ein kleiner eiserner Topf, dessen Inhalt teilweise übergelaufen war und nun die Luft verpestete. Den erschreckten Großeltern erklärte Georg unwirsch, was sich zugetragen hatte: Er wollte lediglich den experimentellen Nachweis dafür erbringen, daß süßer Brei, wenn er nur lange genug kocht, sich so verhält, wie es die Brüder Grimm beschreiben: »Also kocht es fort, und der Brei steigt über den Rand hinaus und kocht immerzu, die Küche und das ganze Haus voll, und dann das zweite Haus und dann die Straße, als wollts die ganze Welt satt machen ...«

Es ist für einen Elfjährigen sicher nicht alltäglich, einem Märchen in dieser Weise auf den Grund zu gehen. Für Georg Ossegg aber ist diese Denkweise zwischen Kinderglauben und handfestem Realismus ganz typisch; sie wird uns noch oft begegnen und ist sicher auch der Schlüssel zu seinem späteren Erfolg.

Nun war aber das Ergebnis dieses ersten Versuchs für ihn enttäuschend. Alle möglichen Beigaben hatte er versucht, aber der süße Brei wollte und wollte sich einfach nicht vermehren. Das beste Ergebnis hatte er noch mit einer Mischung aus Wasser, Hirse, Natron und Hefe erreicht, aber auch damit hatte sich das Volumen des Breis nur um das Dreifache vergrößert. Von dem legendären Wachstum in Grimms Märchen konnte gar keine Rede sein.

Nun begegnen wir einer zweiten Eigenschaft Georg Osseggs: seiner Beharrlichkeit. Gewöhnlich markieren Enttäuschungen dieser oder ähnlicher Art die Stufe zum Mannesalter. Man sagt seinen Kinderträumen ade und fühlt sich gereifter. Georg reagierte anders. In einem alten Schulheft erklärt er seinen Mißerfolg auf eine fast wissenschaftliche Art:

»Wenn man hungrig ist, hat man oft Halluzinationen. Das habe ich schon am eigenen Leibe gespürt. Daher glaube ich jetzt, daß dieser Topf mit dem süßen Brei, der niemals leer wird, ein Wunschtraum des kleinen Mädchens war, das ständig Hunger hatte. Wie oft habe ich mir schon eine riesengroße Torte gewünscht, die nie alle wird. Anscheinend haben die Brüder Grimm nie so richtig Hunger gehabt, sonst müßte ihnen das doch aufgefallen sein ...«

Man wird zugeben müssen: für einen Sextaner, der die

Namen Freud und Bloch noch nie gehört hat, ist das eine beachtliche Beweisführung.

Im Jahre 1932 besuchte Georg Ossegg das Realgymnasium im nordböhmischen Städtchen Dux. Dort verblüffte er seinen Geschichtslehrer mit der gewagten These, der König Drosselbart, das sei in Wirklichkeit der deutsche Kaiser und letzte Ritter Maximilian I. gewesen. Der Herr Professor möchte sich doch nur einmal Dürers Porträtzeichnung ganz genau besehen, dieses hervorspringende Kinn weise doch eindeutig auf den Helden des Grimmschen Märchens. Die Antwort des verärgerten Pädagogen soll von der Art gewesen sein, die einen anderen Jüngling verbittert hätte. Zudem war Georg auch in der mißlichen Lage, den Beweis für seinen Verdacht nicht erbringen zu können.

Das scheint ihm eine Lehre für die Zukunft gewesen zu sein.

In dieser Zeit fiel ihm ein Buch über das Leben des Archäologen Schliemann in die Hände. Es faszinierte ihn vom ersten Augenblick an. Nun ging er einer neuen Beschäftigung nach: er grub.

Wann und wo immer er konnte, zog er nun Gräben durchs Land, kreuz und quer, unermüdlich und am liebsten in den einsamen Bergwäldern seiner Heimat.

Sobald er aus der Schule kam, nahm er Hacke und Spaten und kehrte oft erst spät in der Nacht zurück.

»Was man sehen kann«, pflegte er zu sagen, »ist gar nichts, das meiste liegt hier drunten!« Dabei klopfte er mit der flachen Hand auf den Erdboden. Ein zweiter Ausspruch wird schon deutlicher: »Ich möchte wetten, daß dieses Hexenhaus irgendwo existiert, und ich werde es auch eines Tages finden, verlaßt euch nur drauf ...«

Nach seiner Militärdienstzeit schlägt Ossegg das Lehrfach ein. Ein angeborenes Leiden macht ihn frontuntauglich, statt dessen versetzt man ihn als Hilfslehrer nach Königgrätz.

Im Januar 1945, als die Ostfront täglich näherrückt, wird er mit seiner Schulklasse in die Gegend von Aschaffenburg in Bayern evakuiert.

Am 5. April 1945 schreibt er in sein Tagebuch:

»Natürlich habe ich meinen Grimm immer bei mir, stammen doch die meisten seiner Märchen aus dieser Gegend. Kein Wunder bei diesem Wald! Übrigens steht das Jugendhaus der Brüder nicht weit von hier, in Steinau. Ich habe es neulich besucht, es sind gut drei Stunden Fußmarsch. Ein rechtes Märchenhaus …«

Ein paar Tage später folgt die entscheidende Eintragung:

»Ich scheine da einer Sache auf der Spur zu sein. Unser Bauer, bei dem wir einquartiert sind, sagt immer, wenn ich mit meinen Jungens zum Kräutersammeln in den Gemeindewald gehe, wir sollten uns bloß vorsehen, das wäre der Hexenwald und der hieße nicht umsonst so. Der Bauer ist ein rechter Schalk und liebt solche Späße. Ich habe ihn aber trotzdem nachher ganz ernsthaft gefragt, wie er denn zu der Bezeichnung käme. Er hat aber nur mit der Schulter gezuckt und gesagt, so lange er denken könne, wäre das immer nur der Hexenwald gewesen, und sein Großvater hätte ihm erzählt, weit drin stünde ein Hexenhaus, das hätte er selber noch gesehn. Dörflicher Aberglaube? Eigentlich habe ich jetzt Zeit genug, der Sache mal nachzugehen.«

Nun, dazu sollte es nicht mehr kommen. Drei Tage später marschierte ein amerikanisches Vorauskom-

Abb. 1 Jacob und Wilhelm Grimm, die Biographen von Hänsel und Gretel. – Nach den Forschungsergebnissen von Georg Ossegg, besonders nach dessen Ausgrabungen im Spessart, sind wir nicht mehr in der Lage, ihre These von der Verbrennung der »Knusperhexe« hinzunehmen; vieles spricht dafür, daß die Brüder die ganze Wahrheit über Hänsel und Gretel kannten, sie aus ethischen Motiven aber weislich verschwiegen.

mando durch das kleine Dorf im Spessart. Der Krieg war zu Ende.

Für Georg Ossegg trat nun eine lange, nicht einmal schöpferische Pause ein, die fast siebzehn Jahre währte. Er beendete seine Ausbildung, wurde Studienrat, heiratete, zog nach Frankfurt. Seinen Jugendtraum hatte er schon fast vergessen.

Da meldete sich das Schicksal wieder. Anfang 1962 erhielt Georg Ossegg gleichzeitig mit seiner Beförderung seine Versetzung an ein Aschaffenburger Gymnasium. Nun war er in der gleichen Gegend, die er vor siebzehn Jahren verlassen hatte. Zu Fuß durchstreifte er jetzt fast jedes Wochenende den Spessart. Eines Tages kam er auch in das Dorf, in das er kurz vor Kriegsende evakuiert worden war. Aber – eine seltsame Scheu schien ihn jetzt davor zurückzuhalten, die Spur von damals zu verfolgen. Diesmal wollte er sichergehen.

Georg Ossegg beschloß, etwas zu tun, was vor ihm niemandem eingefallen war: er las das Märchen von Hänsel und Gretel, als ob es ein Tatsachenbericht sei.

Die nächsten Monate in Aschaffenburg verbrachte Georg Ossegg damit, den Text des Märchens von Hänsel und Gretel, so wie er von den Brüdern Grimm aufgezeichnet worden ist, mit wissenschaftlicher Akribie zu untersuchen. Es ist auffallend, wie sehr er sich darin der Methode Schliemanns bediente, dessen Tagebücher er genau studiert hatte.

Aber bald stellten sich die ersten Bedenken ein. Konnte man Grimms Märchen überhaupt mit der Ilias vergleichen? Sind nicht der böse Wolf und Agamemnon zwei völlig heterogene Gestalten? Obwohl auch Homers Gedicht lange Zeit als ein Märchen angesehen wurde, sind darin doch einige recht genaue geographische Hinweise enthalten.

Ungleich schwieriger war Osseggs Aufgabe, Helden und Schauplätze des Grimmschen Märchens zeitlich und geographisch zu fixieren. So anschaulich das Geschehen im Hexenhaus auch geschildert ist, so schematisch sind die Akteure gezeichnet; ungewiß ist ihr Woher und Wohin.

Auch die ganze Beschreibung der Szenerie ist eigentümlich flach und verschwommen.

Die deutsche Märchenforschung hat bisher gerade dies als stilistische Eigenart des Märchens angesehen. »Von allem Anfang an … geht das Märchen nicht darauf aus, die konkrete Welt mit ihren vielen Dimensionen einfühlend nachzuschaffen … Diese Flächenhaftigkeit des Märchens wird durch den Vergleich mit der Sage besonders deutlich« (Lüthi). Damit wollte sich Ossegg nicht zufriedengeben. Am 15. März 1962 steht in seinem Tagebuch:

»Diese Interpretation ist mir denn doch zu passiv, um mich ganz zu überzeugen. Ich will gar nicht bestreiten, daß sie für das eine oder andere Märchen zutreffen mag. Mergenthaler[1] liefert in seinem Buch eine Deutung, die mir viel plausibler erscheint.

Er vertritt die These, daß dem Aufschreiben von Märchen ursprünglich ein erzieherisches Motiv zugrunde lag. Im heutigen Vokabular: Hänsel und Gretel sollten Leitbilder sein. Waren sie es etwa nicht? Liegt hier eine mögliche Erklärung für die Dürftigkeit der Mitteilungen? Gab es etwas im Leben der Geschwister, das nicht in das ethische Konzept der Brüder Grimm paßte? Wollte man also Nachforschungen dadurch vereiteln, daß man das Wann, Wie und Wo vernebelte?«

Ein verwegener Gedanke gewiß, aber kein ganz unlogischer, wie wir sehen werden.

Schauen wir uns einmal den Märchentext an.

Er beginnt mit dem Hinweis, daß der Vater, »ein armer Holzhacker ... vor einem großen Walde (wohnte)«. Man fragt sich, wo in aller Welt ein Holzhacker denn wohl sonst hätte wohnen sollen.

Weiter unten droht die Frau dem Mann, der die Kinder nicht im Wald aussetzen will. »... dann müssen wir alle viere Hungers sterben, du kannst nur die Bretter für die Särge hobelen.« Darin kann man beim besten Willen nicht mehr sehen als einen Hinweis auf die Sitte

1 Prof. F. E. Mergenthaler, *Das Pfefferkuchenhaus als moralische Anstalt*, Wien 1860.

der Erdbestattung, wie sie überall nördlich der Alpen vorherrscht.

Dann kommt aber eine Stelle, die, wenn auch stark verschlüsselt, einen ersten geographischen Hinweis enthält. Sie lautet:

»Als sie ein Weilchen gegangen waren, stand Hänsel still und guckte nach dem Haus zurück und tat das wieder und immer wieder. Der Vater sprach: ›Hänsel, was guckst du da und bleibst zurück, hab acht und vergiß deine Beine nicht.‹ ›Ach, Vater,‹ sagte Hänsel, ›ich sehe nach meinem weißen Kätzchen, das sitzt oben auf dem Dach und will mir Ade sagen.‹ Die Frau sprach: ›Narr, das ist dein Kätzchen nicht, das ist die Morgensonne, die auf den Schornstein scheint.‹«

Wenn diese Bemerkung der Mutter einen Sinn haben kann, dann nur den, daß der Schornstein im Gegenlicht stand, das die Eigenschaft hat, alle von ihm beschienenen Gegenstände zu einer einzigen Silhouette zusammenzuziehen, wodurch es ohne weiteres zu der beschriebenen Augentäuschung kommen kann.

Setzen wir voraus, daß die Sonne im Osten aufging, müßte der Waldweg genau in Richtung Ost–West geführt haben, wobei wir uns das Elternhaus im Osten, den Rastplatz im Walde westlich davon denken müssen.

Da nun die Bergrücken des Spessart mit ihren Flanken alle nach Süden zeigen, eine Folge tertiärer Schichtungen und Schrumpfungen, Waldwege aber immer annähernd parallel zu den Bergrücken verlaufen, um größere Steigungen zu vermeiden und den Zugtieren die Arbeit zu erleichtern, ergibt sich daraus der Hinweis, daß das

Hexenhaus wahrscheinlich auf einer Anhöhe zu suchen ist.

Die weiteren Anmerkungen sind wieder sehr vage. Da ist die Rede von »… (ein) paar Beeren, die auf der Erde standen«. Jede nähere Bezeichnung fehlt.

Die Kieselsteine, die Hänsel hinter sich auf den Weg streut, gibt es fast überall im deutschen Mittelgebirge als tektonische Einschlüsse.

Einmal scheinen uns die Brüder Grimm sogar in die Irre führen zu wollen.

Als die Kinder sich nämlich ein Stück Lebkuchen vom Dach brechen, ruft die Hexe aus der Stube heraus:

> »Knuper, knuper, kneischen,
> wer knupert an meinem Häuschen?«
> *(richtiger: Heis-chen)*

Das ist nun einwandfrei mitteldeutsch, thüringisch. War damit Osseggs Vermutung schon hinfällig, das Hexenhaus müßte im Spessart liegen? Aber diesmal trügt der Schein. Gerade diese Textstelle wurde im späteren Verlauf der Untersuchungen zu einem wesentlichen Indiz.

Fürs erste aber blieb von allen bisher genannten Hinweisen nur die Flurbezeichnung HEXENWALD bestehen.

Georg Ossegg findet ein Haus, das es nicht mehr gibt

Noch im 17. Jahrhundert war der größte Teil Deutschlands von so dichtem Wald bedeckt, daß ein Geschichtsschreiber sagen konnte, ein Eichhörnchen, das in Magdeburg auf einen Baum klettere, könne bis an den Bodensee gelangen, ohne den Fuß einmal auf den Erdboden zu setzen.

Hier nach den Resten des Hexenhauses suchen hieße eine Nadel im Heuhaufen suchen.

Aber die Geschichte der Ausgrabungen steckt voller Zufälle. Zufällig war auch Georg Ossegg 1945 in den Spessart geraten. Aber als er dann an einem Frühlingsmorgen des Jahres 1962 vor der grünen Mauer der Gemarkung 7 stand, da hatte der Zufall seine Schuldigkeit getan; der nüchterne Geist des Spatenforschers trat an seine Stelle.

Am gleichen Abend, es ist der 10. Mai, schreibt er in sein Tagebuch:

»Da stand ich also wieder vor dem Hexenwald. Ich war mir nur nicht sicher, daß es der Richtige war. Im hessischen Flurenbuch habe ich 16 verschiedene Hexenwälder gefunden. Wie viele mögen es in ganz Deutschland sein!«

Nun lohnt es sich, daß Ossegg seit seiner Schulzeit alles Erdenkliche gesammelt hatte, wenn es nur mit Grimms Märchen in irgendeiner Beziehung stand.

So erkannte er auf den ersten Blick etwas, was Tausende von Jägern, Bauern, Holzfällern und Touristen, die diesen Fuhrweg entlanggeschritten waren, nicht gesehen hatten und auch gar nicht gesehen haben konnten.

Er schreibt: »Ich war noch keine halbe Stunde unterwegs, da hatte ich auf einmal ein seltsames Gefühl. Mir war, als wäre ich diesen Weg schon einmal gegangen. Dann sah ich es: Das Bild, das mir seit meiner frühesten Kindheit vorgeschwebt hatte.«

Mit diesem Bild hat es seine eigene Bewandtnis.

Es befindet sich in einer frühen Ausgabe der Grimmschen Hausmärchen[2], die nur einmal aufgelegt wurde und längst vergessen ist. Der märchenbesessene Georg hatte diese Buchausgabe einst von seinem Großvater bekommen und besitzt sie heute noch. Mit einer Intensität, wie sie nur Kindern zu eigen ist, hatte er sich jede der Illustrationen tief eingeprägt.

Die Übereinstimmung der Märchenillustration von 1818 und der Landschaft von 1962 durchfuhr ihn wie eine plötzliche Erleuchtung (Abb. 2 und 3).

Die Ähnlichkeit ist tatsächlich verblüffend, wenn auch nicht auf den ersten Blick. Die Zeit hat ihr Werk verrichtet. Die Bäume haben an Umfang und Höhe zugenommen, einige sind unter der Axt gefallen, das Unterholz hat sich verdichtet.

Schwerwiegender sind die Ähnlichkeiten: Die Hügellinie am Horizont (sie schimmert heute nur noch schwach durch die Zweige), die gleichgebliebene Flora.

2 *Deutsche Kinder- und Hausmärchen, gesammelt von den Gebrüdern Grimm*, Leipzig bei Dorfeldt, 1818, mit 7 Kupfern.

Abb. 2 Dieser Kupferstich aus dem Grimmschen Märchenbuch von 1818 brachte Georg Ossegg auf die richtige Fährte. Der Forscher hatte ihn noch gut in Erinnerung, als er zum erstenmal den »Hexenwald« im Spessart betrat.

Abb. 3 So sieht der Waldweg heute aus, den die Geschwister Hänsel und Gretel im Jahre 1647 gegangen sind. Trotz der Veränderungen, die die Zeit geschaffen hat, erkannte Ossegg ihn wieder. Die beiden Figuren dienen dazu, die Größenverhältnisse zu verdeutlichen.

Abb. 4 Eine der seltenen Abbildungen des sog. Elternhauses von Hänsel und Gretel. Historisch erwiesen ist nur, daß die beiden Geschwister von hier aus aufbrachen, um zum »Hexenhaus« zu gehen. Die Eltern haben nie hier gewohnt.

Wo Eichen, Fichten und Buchen standen, stehen auch heute noch Eichen, Fichten und Buchen. Samenflug hat nur wenig daran geändert.

Ein neuer Gedanke beschäftigte Ossegg: Wenn die Märchenillustration so offensichtlich nach einer Naturstudie entstanden war, und zwar 1818, also zu Lebzeiten der Grimms, dann konnte das bedeuten, daß der Weg von Hänsel und Gretel eine Realität war, der Weg, von dem es im Märchen heißt: »Danach machten sie sich alle zusammen auf den Weg nach dem Wald.« Es fehlte nur

Abb. 5 An dieser Stelle (weiße Linie) stand das sog. Vaterhaus von Hänsel und Gretel. Es ist erst 1954 abgerissen worden, als die Autobahn Frankfurt – Würzburg gebaut wurde.

der Beweis. Aber da war ja die Gegenlichttheorie. Das Kätzchen auf dem Schornstein.

Wenn sie stimmte, mußte das Elternhaus am östlichen Ende des Weges zu suchen sein.

Übrigens gibt es nur sehr wenige glaubwürdige Abbildungen des Elternhauses. Stets hat das Lebkuchenhaus auf die Zeichner eine größere Faszination ausgeübt, so daß das Elternhaus ins Hintertreffen geriet.

Am nächsten Morgen tat Ossegg den ersten Schritt nach Osten. Würde dieser 11. Mai 1962 in die Geschichte der Archäologie eingehen?

Um es gleich zu sagen: Es gab einen eindeutigen Beweis und eine große Enttäuschung. Der Weg endete auf freiem Felde. Das Elternhaus steht nicht mehr. Dort, wo es gestanden haben muß, verläuft die neuangelegte Autobahn Frankfurt – Würzburg. Das Gebäude, dessen Vergangenheit niemand kannte, fiel ebenso dem Verkehr zum Opfer wie vorher das bekanntere, wenn auch nicht authentische Wirtshaus im Spessart, das wenige Kilometer östlich davon stand.

Aufzeichnungen der Bahnmeisterei Rohrbrunn bestätigten diese Vermutung. Der letzte Besitzer, Georg Scheidthauer, hatte mit der Bundesautobahnverwaltung einen Prozeß geführt, in dem er kraft Gesetzes unterlegen war (Akt. 2 Ro/328/II vom 4.11.1954). Als Entschädigung für »ein Fachwerkhaus mit Scheune sowie einen Garten mit 18 Obstbäumen« hatte er 18760 DM bekommen.

Georg Ossegg war an den geographischen Ausgangspunkt der Geschichte von Hänsel und Gretel gelangt (Abb. 5).

»Nachdem sich die Gegenlichttheorie bereits in einem Punkt als richtig erwiesen hatte, brauchte ich eigentlich nur noch geradeaus so lange nach Westen zu gehen, bis ich auf den Rastplatz im Walde stoßen würde.«

Gemeint war der Platz, an dem die Eltern zum erstenmal ihre Kinder ausgesetzt hatten.

Der Text lautet: »Als sie mitten in den Wald gekommen waren, sprach der Vater: ›Nun sammelt Holz, ihr Kinder, ich will ein Feuer anmachen, damit ihr nicht friert.‹ Hänsel und Gretel trugen Reisig zusammen, einen kleinen Berg hoch. Das Reisig ward angezündet, und als die Flamme recht hoch brannte, sagte die Frau: ›Nun legt euch ans Feuer, Kinder, und ruht euch aus, wir gehen in den Wald und hauen Holz. Wenn wir fertig sind, kommen wir wieder und holen euch ab.‹«

Nun erhob sich die Frage, in welcher Entfernung vom Elternhaus der Rastplatz zu suchen sei.

Im Text heißt es: »… wir wollen … die Kinder hinaus in den Wald führen, wo er am dicksten ist: da machen wir ihnen ein Feuer an …!«

Das ist natürlich barer Unsinn. Kein Holzhacker würde eine Feuerstelle im Walde anlegen, »wo er am dicksten ist«. So etwas konnte nur einem Göttinger Professor einfallen. Ossegg spottet: »Jeder Pfadfinder weiß, daß ein Feuer nicht näher als 80 Meter vom nächsten Waldrand angelegt werden darf, gegen den Wind gesehen.

Ich brauchte also nur die nächste große Lichtung suchen.«

Um seine Theorie zu erhärten, der Rastplatz müsse auf einer Lichtung gelegen haben, verfuhr Ossegg so, wie es der Märchentext vorschreibt.

Er füllte die Hosentaschen eines achtjährigen Knaben mit Kieselsteinen, »so groß wie Batzen (Münzen).«

Das Kind stellte er genau an der Stelle des verschwundenen Vaterhauses auf.

Auf ein Zeichen Osseggs marschierte es langsam in Richtung Westen, in regelmäßigen Abständen einen der Markierungssteine hinter sich werfend. Die Abstände waren so gewählt, daß der Knabe von einem Stein aus den nächsten gerade noch sehen konnte.

Der erste Versuch schlug fehl.

Alle Steine waren verbraucht, ohne daß eine Lichtung aufgetaucht wäre.

Abb. 6 Schema der von Hänsel ausgeworfenen Markierungssteine.

Hatte er einen Fehler gemacht?

In tiefe Gedanken versunken, ging der Forscher zum Ausgangsort zurück. Noch einmal wiederholte er den Versuch, aber diesmal warf er die Kieselsteine selbst. Und siehe da: »Eben hatte ich den letzten Stein geworfen, da lichtete sich der Wald und ich stand auf einer Wiese.«

Was bedeutete das aber?

Ein Erwachsener hat einen wesentlich höher liegenden Horizont als ein achtjähriger Knabe (Abb. 6).

Da er also weiter sieht, kann er auch die Markierungssteine in einem wesentlich größeren Abstand voneinander auslegen. So ließ das geglückte Experiment nur eine, scheinbar paradoxe Folgerung zu: Hänsel und Gretel waren gar keine Kinder! Wissenschaftlich ausgedrückt: Sie müßten denn die Größe von Erwachsenen gehabt haben.

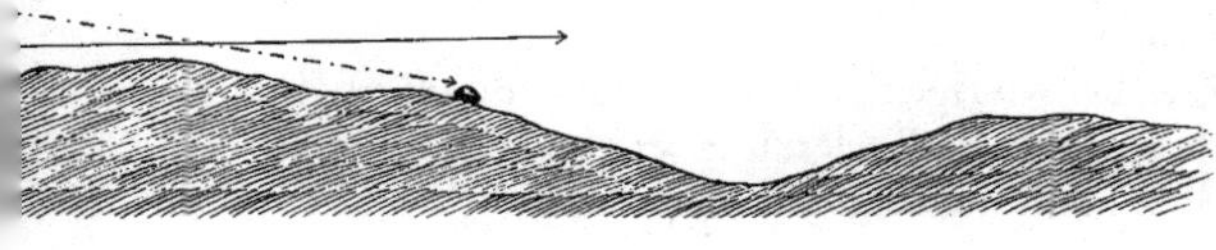

War das nicht schon der erste Beweis dafür, daß die Brüder Grimm den Märchenstoff manipuliert hatten?

Die Feuerstelle auf der Lichtung fand Ossegg nicht mehr.

Genauer: Er legte so viele Feuerstellen in so vielen Schichten und Färbungen frei, daß er es vom wissenschaftlichen Standpunkt aus nicht vertreten konnte, eine davon als die gesuchte zu bezeichnen.

Zu viele hatten vor und nach Hänsel und Gretel hier gelagert und abgekocht: Landsknechte im Dreißigjährigen Krieg, Köhler und Landstreicher, Pfadfinder, Zigeuner und Wandervögel.

Aber Ossegg fand etwas anderes, Wichtigeres.

Nachdem er zwei Tage lang geduldig jeden Baum in der Umgebung der Lichtung untersucht hatte, entdeckte er am Stamm einer alten Eiche die tief eingewachsenen Reste einer Hanfschnur, die auch im Grimmschen Märchentext erwähnt ist.

Unterhalb der Schnur befand sich eine halbkreisförmige, stark verharzte Wunde, die offensichtlich von mechanischer Einwirkung herrührte.

Das mußte der Baum sein, von dem es im Text hieß: »Und weil sie die Schläge der Holzaxt hörten, so glaubten sie, ihr Vater wäre in der Nähe. Es war aber nicht die Holzaxt, es war ein Ast, den er an einen dürren Baum gebunden hatte und den der Wind hin und her schlug.«

Die Schwierigkeit, den richtigen Baum zu finden, lag darin, daß die Verletzung jetzt in 25 Meter Höhe über dem Erdboden lag. Um soviel war die Eiche inzwischen

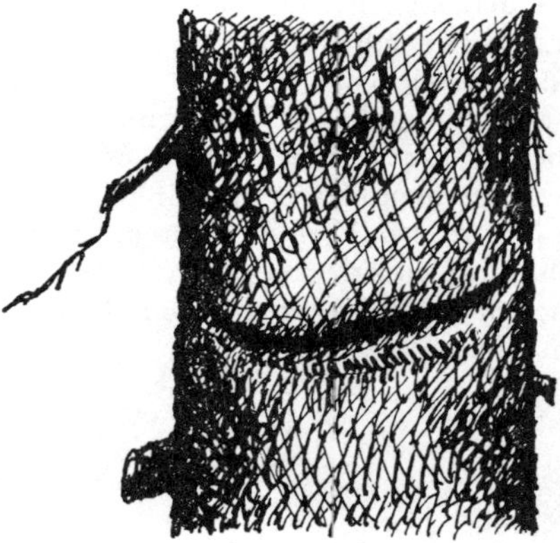

Abb. 7 Das erste Indiz: Die Schleifspur in 25 Meter Höhe.

gewachsen. Die Reste der Schnur wurden später im Carbontest auf 315 (!) Jahre datiert. Ossegg ging in seinem Eifer noch einen Schritt weiter. Er entschloß sich, den Baum zu kaufen und fällen zu lassen. Damit weckte er aber das Mißtrauen der zuständigen Forstverwaltung, die durchaus nicht einsehen wollte, warum der seltsame Käufer ausgerechnet diesen Baum haben wollte und keinen anderen.

Ossegg, der von seiner Idee nun schon ganz besessen war, verfiel schließlich auf den Gedanken, sich für einen Modelltischler auszugeben, der gerade von der Maserung dieses Baumes fasziniert sei, nach der er schon lange suche.

Der Handel kam zustande – und lohnte sich für den Forscher. Er ließ den Baum fällen und zählte die Jahresringe aus: Es waren genau 355.

Wenn man unterstellt, daß der Baum damals, als ihm die Narbe zugefügt wurde, etwa 40–50 Jahre alt war, hieße die Folgerung: Hänsel und Gretel, oder wer immer ihre historischen Vorbilder waren, haben zur Zeit des Dreißigjährigen Krieges gelebt.

Mit diesem unerwarteten Ergebnis konnte Ossegg zufrieden sein.

Hexen brauchen Wasser

Wir können uns ausmalen, mit welch tiefer innerer Erregung Georg Ossegg an diesem Abend den Weg zurück zur Autobahn gegangen sein muß.

Hatte er nicht an diesem 18. Mai den ersten Hinweis auf die reale Existenz einer deutschen Märchenfigur erhalten?

Kaum konnte er den Anbruch des nächsten Morgens erwarten. Dann stand er wieder vor der grünen Mauer des HEXENWALDES, seine alte Märchenausgabe in der Hand. Er hatte sich auch eine Scheibe Brot mitgebracht, wie Hänsel sie beim zweiten Gang in den Wald als Merkzeichen verwendet hatte.

Zwar war die Glaubwürdigkeit der Brüder Grimm gemindert durch die Tatsache, daß Hänsel und Gretel keine Kinder gewesen sein können. Gleichwohl war dies bis jetzt die einzige Quelle, die Georg Ossegg zur Verfügung stand, und so nahm er jedes Wort für gegeben, solange er es nicht selbst widerlegen konnte.

Die Situation im Elternhaus hatte sich nach dem ersten mißglückten Versuch, die Kinder auszusetzen, rapide verschlechtert.

»Nicht lange danach war wieder Not in allen Ecken ... Alles ist wieder aufgezehrt, wir haben noch einen halben Laib Brot, hernach hat das Lied ein Ende.«

Trotz der Skrupel des Vaters werden die Kinder wieder in den Wald geführt.

Am liebsten hätte der Forscher nun den Waldweg aufgegraben, um die Kieselsteine wiederzufinden. Das ist nicht so absurd, wie es zunächst scheinen mag. Da der »gewachsene« Waldboden unter diesem Weg bis in etwa zwei Meter Tiefe reicht, ließen sich von Menschenhand hierhergebrachte Kieselsteine ohne weiteres als solche erkennen.

Aus zwei Gründen verzichtete er zunächst auf die Grabung. Einmal war er seiner Sache ohnedies sicher, nicht zuletzt wegen des Baumfundes. Zum andern trieb ihn die Ungeduld voran. Er wollte aufs Ganze gehen. Das Ganze, das war das Lebkuchenhaus.

Übrigens holte er die Grabung später nach, mit positivem Ergebnis (Abb. 8).

Ossegg wiederholte nun sein Experiment vom Vortage, nur tauschte er diesmal die Kieselsteine gegen Brotkrümel ein. Der Erfolg schien seine Theorie auch diesmal wieder zu stützen. Als das letzte Stückchen Brot verstreut war, stand er auf einer zweiten, größeren Lichtung.

Hier endete alle Sicherheit.

Von da an sah es so aus, als sollte der Forscher sich genau so verlaufen wie vor ihm Hänsel und Gretel, die drei Tage und Nächte im Wald herumirrten, bis ihnen am Mittag des dritten Tages auf mysteriöse Weise geholfen wurde.

»Als es Mittag war, sahen sie ein schönes, schneeweißes Vöglein auf einem Ast sitzen, das sang so schön, daß sie stehenblieben und ihm zuhörten. Und als es fertig war, schwang es seine Flügel und flog vor ihnen her, und sie gingen ihm nach, bis sie zu einem Häuschen gelangten, auf dessen Dach es sich setzte, und als sie ganz nahe herankamen, so sahen sie, daß das Häuslein aus Brot gebacken war und mit Kuchen gedeckt …«.

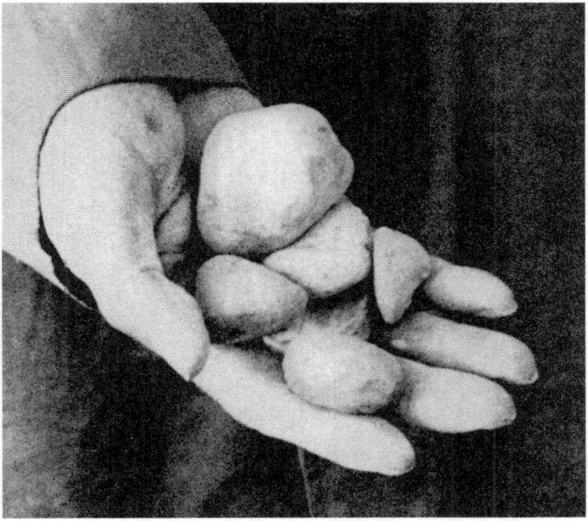

Abb. 8 Solche Kiesel benutzte Hänsel zur Markierung seines Weges.

Wer immer sich das ausgedacht hat, er hat die Spuren von Hänsel und Gretel meisterhaft verwischt.

Ein schneeweißes Vöglein würde dem Archäologen nicht noch einmal zur Verfügung stehen. Er mußte sich schon an die Tatsachen halten.

Aber damit war es dürftig bestellt.

Aus dem Märchentext war bekannt, daß auf der direkten Linie zwischen Hexenhaus und Vaterhaus ein »großes Wasser« zu überwinden war.

Abb. 9 Dieser Kupferstich aus der Dorfeldtschen Märchenausgabe von 1818 half Georg Ossegg, den Standort des »Hexenhauses« zu identifizieren. Die Übereinstimmung mit dem Foto (gegenüber) bestätigt, daß der Künstler seine Studien am Ort der Handlung gemacht hat, daß das Haus und die Backöfen im Jahre 1818 noch gestanden haben müssen und daß er sich über den wirklichen Verlauf des Verbrechens zumindest Gedanken gemacht hat. Und davon sollen die Brüder Grimm nichts gewußt haben? Auffallend ist auch, daß der Ort weder so düster noch so romantisch war, wie ihn spätere Illustrationen zeigen.

Abb. 10 Der historische Ort auf dem Engelesberg, wo das »Hexenhaus« stand, vor Beginn der Ausgrabungen am 10. Juli 1962. Das kleine Gemäuer vorne links im Bilde ist der Rest der Brunneneinfassung. Unter dem überwachsenen Hügel dahinter stieß Ossegg auf die Grundmauern des Hauses. Der langgestreckte Hügel hinter dem Archäologen birgt die guterhaltenen Fundamente der vier Backöfen.

In die gleiche Richtung deutete die Mitteilung, daß Gretel, während Hänsel gemästet wurde, »nichts als Krebsschalen« bekam.

Mit dem großen Wasser konnte nur der Fluß Aschaff gemeint sein, der den Hexenwald in einem flachen Halbkreis mit dem Scheitelpunkt im Norden durchfließt.

Abb. 11 Der Forscher auf den Fundamenten des »Hexenhauses« am 13. Juli 1962.

Berücksichtigt man die Angabe, daß der Heimweg der Kinder nur ein paar Stunden gedauert hat, kann man seine Suche auf ein Gebiet von wenigen Quadratkilometern beschränken, das im Norden von der »Eselshöhe«, im Süden von der Bundesstraße 26 begrenzt ist und dessen Mittelpunkt der 435 Meter hohe Engelesberg bildet.

Immerhin blieb die Aufgabe schwierig genug, in diesem Areal ein Haus zu suchen, das es wahrscheinlich gar nicht mehr gab.

Ossegg ging davon aus, daß auch eine als Hexe verschriene Frau trinken muß. Also mußte das Haus in der Nähe einer Quelle, eines Bachs oder Brunnens stehen.

Eine Illustration der Dorfeldtschen Märchenausgabe schien seine These zu bestätigen. Sie zeigt im Vordergrund des Bildes deutlich die aus rohen Feldsteinen gemauerte Einfassung eines Brunnens, dahinter das »Hexenhaus« und rechts davon einen grasüberwachsenen Anbau, der vier (!) Backöfen enthielt. Hohe Buchen umstanden das Anwesen.

Ossegg ging wiederum ganz systematisch vor. Er überzog eine Karte des in Frage kommenden Suchgebiets mit einem Netz von Planquadraten. Fast zwei Monate wanderte er nun eines nach dem anderen ab, unermüdlich und von seinem Erfolg fest überzeugt.

Am 10. Juli fand er, was er suchte.

Auch hier ist die Übereinstimmung von Stich und heutigem Zustand deutlich erkennbar (Abb. 9 und 10).

Da Ossegg die Reste des Fundaments in geringer Tiefe vermutete, zog er zuerst einen halbmetertiefen Stichgraben in Nordsüdrichtung. Vom Ende dieses etwa 20

Abb. 12 Georg Ossegg bei der Arbeit am nord-südlichen Stichgraben. Hier stieß er auf die Fundamente des »Hexenhauses«, die er mit größter Vorsicht freilegte.

Meter langen Grabens schwenkte er ab und grub weiter bergan. Am dritten Tag stieß er in einer Tiefe von 2,20 m auf eine grobgefügte Feldsteinmauer, die zu einem Fundament gehörte (Abb. 11 und 12).

Das Hexenhaus wird rekonstruiert

Nach einer Woche hatte Ossegg das Fundament des Hauses freigelegt. War dies das Gebäude, das als Hexenhaus, Pfefferkuchenhaus, Knusperhaus und Brothäuslein, als Heimstatt des Bösen schlechthin, in die Literaturgeschichte eingegangen war? Außer der Gralsburg und den Pyramiden gibt es kaum ein Bauwerk, das so sehr mystifiziert worden ist wie dieses einsame Gemäuer in den hessischen Wäldern.

Wie sah nun die Wirklichkeit aus?

Georg Ossegg hat das Haus nach der zweiten, endgültigen Ausgrabung rekonstruiert. Auf einem Fundament von Bruchsteinen ein Mauerwerk aus Lehm, gestützt von Eichenbalken in der Art des oberhessischen Fachwerkbaus.

Das Haus bestand nur aus einem Raum und war nicht unterkellert. Nichts, was es von tausend anderen unterschieden hätte (Abb. 13).

Kein Anhaltspunkt dafür, daß die Fassade einmal mit Lebkuchen und Zuckerzeug verkleidet gewesen wäre, so wie wir es in Erinnerung haben.

Ossegg rekapituliert: »Zwei Erwachsene stoßen, scheinbar zufällig, auf ein einsames Haus im Walde und töten die Bewohnerin. Warum?«

Eine zweite Grabung sollte Klarheit bringen.

War die erste eine Flächengrabung gewesen, so entschloß Ossegg sich diesmal, an verschiedenen Punkten Schächte in die Tiefe zu treiben. Wieder arbeitete er ganz allein.

Abb. 13 Die Rekonstruktion des »Hexenhauses« (Modell). Es unterscheidet sich beträchtlich von dem romantischen Pfefferkuchenhaus unserer Kindheit.

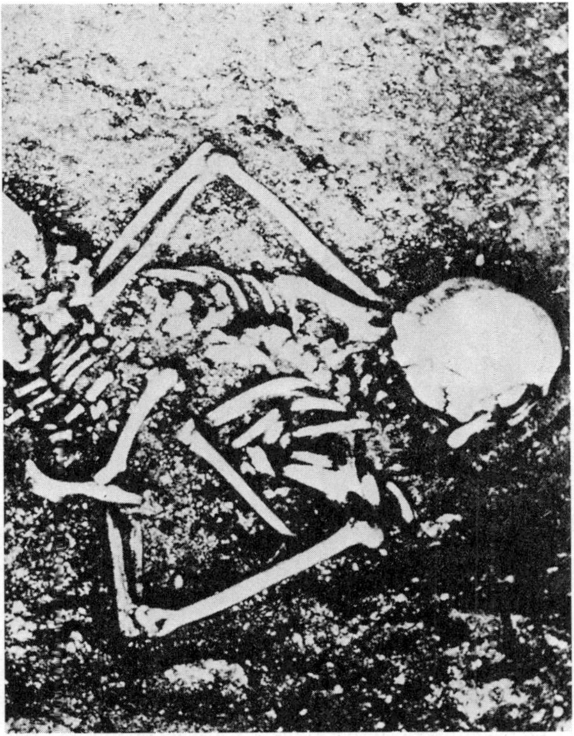

Abb. 14 Die Skelettreste im Backofen Nr. 3. Nur ein Teil des Schädels sowie die unteren Gliedmaßen waren verkohlt. Nach der Überlieferung durch die Brüder Grimm müßte die Hexe ganz verbrannt sein: »Da gab Gretel ihr einen Stoß ... und die gottlose Hexe mußte elendiglich verbrennen.«

Abb. 15 In dieser Höhlung, etwa 130 cm unter der Erdoberfläche, hatte die »Hexe« ihr Backgerät verborgen.

Er begann auf dem grasbewachsenen länglichen Hügel, unter dem er die Backöfen vermutete. Diese Stelle hatte er bisher ausgespart.

Am 15. Juli stieß er hier, genau inmitten des Rundes, in etwa zwei Meter Tiefe auf ein weibliches Skelett (Abb. 14).

Der wichtigste Fund glückte ihm, als er unmittelbar an der Ostwand des Hauses einen Stollen nach außen trieb (Abb. 15 und 16).

Nach wenigen Metern stieß sein Spaten auf eine kleine eiserne Truhe, die mehrere schwärzliche Bruchstücke eines Lebkuchens barg, daneben Backgeräte ver-

Abb. 16 Eine Backform, ein sogenannter MODEL, wie sie die »Hexe« zur Herstellung der runden Lebkuchen benutzte.

schiedenster Art, sowie ein handgeschriebenes Rezept (Abb. 17, 18 und 19).

Nach den Überresten des Ställchens, in dem Hänsel eingesperrt gewesen sein soll, grub er lange, aber vergeblich. Es gab gar kein solches Ställchen, und wir werden noch sehen, warum.

Dagegen fand er direkt unter der Eingangstür, die er bei der ersten Grabung nicht berührt hatte, die Türangeln. Eine davon war, offenbar mit Gewalt, abgebrochen worden (Abb. 20).

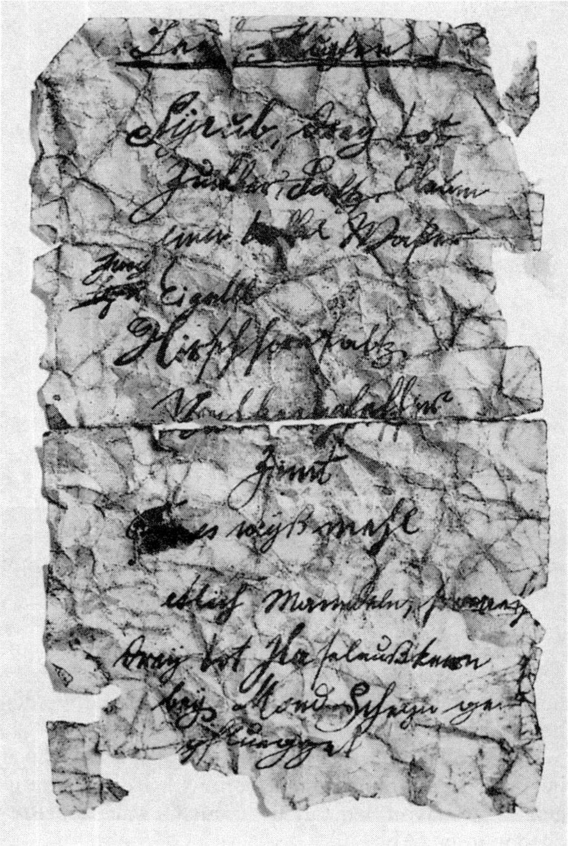

Abb. 17 Das Rezept. Es wurde der Bewohnerin des einsamen Hauses im Spessart zum Verhängnis.

Abb. 18 Die Funde vom 25. Juli 1962. Einige der Backgeräte, die in der kleinen Höhlung an der Hausmauer verborgen waren.

Abb. 19 Die Reste der mysteriösen vier Backöfen nach der Freilegung am 25. Juli 1962. Im dritten Ofen von links lag das weibliche Skelett.

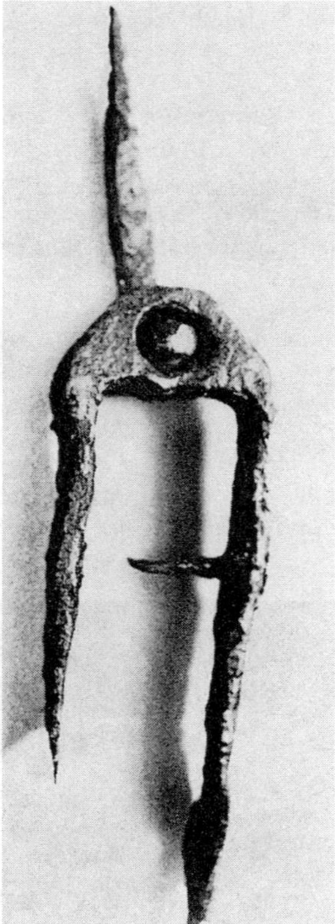

Abb. 20 Diese zerbrochene Türangel war der erste Beweis dafür, daß Hänsel und Gretel gewaltsam in das Haus eingedrungen waren.

Ossegg sicherte den Fundort durch genaue Vermessungen und schüttete die Gräben sorgfältig wieder zu.

»Auf den ersten Blick stimmt alles«, schreibt er in sein Tagebuch. »Das einsame Haus. Das Skelett im Backofen. Also ist die Hexe doch verbrannt worden? Ein mögliches Motiv wären die ›Kästen mit Perlen und Edelsteinen, die in allen Ecken standen.‹ Aber wie kommt es dann, daß ich keinen einzigen Edelstein fand, obwohl ich das Erdreich in und außerhalb der Fundamente um und um gewühlt habe? Sollten mir Grabräuber zuvorgekommen sein?«

Die Auswertung der bisherigen Funde mußte die Antwort geben.

Ossegg erkannte bald, daß die Auswertung seiner beiden Grabungen über seine Kräfte gehen würde. Er lud zwei Wissenschaftler zur Mitarbeit ein und hat auch später deren Anteil immer wieder betont.

Die Untersuchung des Skeletts und dessen Rekonstruktion übernahm Prof. Albert Vermeulen vom Anthropologischen Institut der Universität Leyden, dem wir schon eine ausgezeichnete Wiederherstellung des Cromagnon-Menschen verdanken.

Alle anderen Grabungsfunde wurden ein halbes Jahr lang in der Polytechnischen Versuchsanstalt in Erbenheim unter die Lupe genommen. Hier arbeitete Ossegg mit Dr. Hartlieb-Petschau zusammen.

Die erste Überraschung stand in Prof. Vermeulens Bericht: Die Frau war bereits tot, als sie in den Backofen geworfen wurde. Dort ist sie – entgegen den Angaben der Brüder Grimm – nur oberflächlich verkohlt, da der Backofen für solche Zwecke offensichtlich wenig geeignet war. So machte auch die weitere Rekonstruktion der Toten keine große Schwierigkeit. Das war die zweite Überraschung:

Die »Hexe« war zum Zeitpunkt ihres Todes höchstens 35 Jahre alt, etwa 167 cm groß, dinarischen Typs und hatte eine ebenmäßige Figur ohne jeden Mißwuchs.

Dieser unvorhergesehene Umstand ließ die Hexe in den Mittelpunkt der Betrachtung rücken.

Was für ein Mensch mag sie gewesen sein?

Bei den Brüdern Grimm kommt sie besonders schlecht weg. »Die Hexen haben rote Augen und können nicht

Abb. 21 Die Hexe im Märchen: böse und bucklig.

weit sehen, aber sie haben eine feine Witterung wie die Tiere und merkens, wenn Menschen herankommen.«

Diese eigentümliche Fähigkeit konnte Prof. Vermeulen an seinem Untersuchungsobjekt nicht mehr feststellen.

Immerhin hat diese Beschreibung das Hexenbild unseres und des vergangenen Jahrhunderts geprägt. Stimmt es aber auch mit der Wirklichkeit überein? Die meisten Hexen waren jung und ansehnlich, und gerade dies brachte sie meist ins Verderben. Es ist auch nie die Frage gestellt worden, was denn die Hexe bewogen ha-

Abb. 22 bis 24 Die Hexe in der Märchenillustration des 19. und 20. Jahrhunderts. Von diesen Meistern wurde unser heutiger Begriff »Hexe« schlechthin geprägt. Daß es auch junge und schöne Hexen gab, ist darüber weithin in Vergessenheit geraten.

Abb. 25 So hat Gretel nach der Vorstellung von Franz v. Pocci die Hexe in den Backofen geschoben. Eine Darstellung, die in ihrer Treuherzigkeit schon frühzeitig Georg Osseggs Argwohn erweckte. Auch der Backofen stimmt nicht mit den Ausgrabungen überein.

ben mag, allein im tiefen Wald zu wohnen. Alle klassischen Hexen, angefangen von der Jungfrau von Orleans, wohnten in geschlossenen Siedlungen. Dort wurden sie auch ergriffen und abgeurteilt.

Kein Mensch, und schon gar keine Frau, verläßt ohne Not die Sicherheit des Dorfes und begibt sich in

Abb. 26 Auch dieser Zeichner (F. Stassen) verläßt sich ganz auf die Überlieferung. Immerhin ist hier der Backofen richtig wiedergegeben.

die Wildnis; und schon gar nicht wird sie das in einer so unsicheren Zeit tun, wie es der Dreißigjährige Krieg war.

Die Hexe muß also einen schwerwiegenden Grund gehabt haben. Der plausibelste: Sie hatte etwas zu verbergen.

Abb. 27 Zwei extreme Beispiele für den Zwiespalt, in dem sich die Märchenillustratoren befanden, wenn sie einerseits glaubwürdig, andererseits textgetreu sein wollten.
Den ersten Weg wählte Otto Ubbelohde. Er verwarf radikal das alte Knusperhaus und kam damit der Realität verblüffend nahe. Die Lebkuchen verbannte er auf eine Lade neben der Tür.

Abb. 28 Ludwig Richter dagegen resignierte vor dem Text und schuf das gute alte Hexenhaus, wie wir es alle kennen. Schwer hängen die vier mannshohen Lebkuchen über den Dachfirst. Als wollte er sich über sich selber lustig machen, hat der Künstler den Schornstein durch eine alte Kanne ersetzt.

Am 5. September 1962 schreibt Georg Ossegg in sein Tagebuch: »Kaum ein Tag vergeht, an dem nicht neue, überraschende Details ans Tageslicht kommen. Da nun feststeht, daß die Hexe tot war, wahrscheinlich erwürgt wurde, bevor sie verbrannte, ist die immer schon schiefe

Behauptung hinfällig, sie wäre von Gretel in den Backofen geschoben worden. Die schlaue, mit allen Zaubertricks vertraute Hexe soll von einem naiven kleinen Mädchen übertölpelt worden sein? Diese Vorstellung war mir schon als zehnjährigem Knaben nicht recht geheuer.«

Aber deutet das nicht zwingend auf ein Verbrechen hin? Ein Verbrechen, bei dem die Notwehr ausscheidet, die das Gretel des Märchens noch geltend machen konnte?

Wenn Prof. Vermeulens Fakten schlüssig waren, hat ihr der Bruder Hänsel Beihilfe geleistet, da Gretel unmöglich die Hexe allein knebeln und würgen konnte. Also kann Hänsel nicht im Ställchen gesessen haben. Auch die aufgebrochene Türangel fügt sich nun gut in die Beweiskette.

»Es sieht jetzt alles danach aus, als hätten sich die Geschwister gar nicht verirrt, sondern seien geradewegs auf das Knusperhaus zumarschiert, weil sie dort etwas Bestimmtes vermuteten. Wenn es nicht die Edelsteine waren, wonach sie suchten, was war es dann?« fragt sich Georg Ossegg.

Das Lebkuchenhaus! Natürlich mußte daran zuerst gedacht werden. Es hat in der überlieferten Form gar nicht existiert, wir wissen es. 150 Jahre haben an dieser Legende gewoben, bis dieses merkwürdige Stück Architektur vor unseren Augen stand. War es eine Fata Morgana der halb verhungerten Geschwister gewesen? Diese von einigen Wissenschaftlern (Bloch: Prinzip Hoffnung) vertretene Theorie verlor mit jedem Tag mehr an Wahrscheinlichkeit. Die Rekonstruktion hatte ein kleines Fachwerkhaus ergeben, mit einem Brunnen und vier aneinandergebauten Backöfen. Aber da waren noch der Lebkuchen, das Rezept und die Backgeräte, alle tief vergraben an der Außenmauer des Hauses. Sollten sie vor fremdem Zugriff geschützt werden?

Kein ganz gewöhnlicher Vorgang. Hatte die Bewohnerin des Hauses Grund zu dieser Maßnahme? War sie gewarnt worden? »Hier muß das Geheimnis der Hexe liegen«, notiert Ossegg.

In der gleichen Nacht noch fuhr der Forscher nach Erbenheim. In der Versuchsküche der Untersuchungsanstalt stellte er nach dem vorgefundenen Rezept eine Reihe von Lebkuchen her (Abb. 29). Dann analysierte er die Überreste des Lebkuchenfragments. Beide waren identisch. Aufs äußerste gespannt, entnahm Ossegg nun dem neugewonnenen Produkt eine Geschmacksprobe. Kein Zweifel: was er da nach dem 300 Jahre alten, handgeschriebenen Rezept gebacken hatte, war ein Nürnberger Lebkuchen, wie er heute noch von einigen dort ansässigen Firmen nach alten, geheimgehaltenen Rezepten hergestellt wird. Die Verwendung von Hirschhornsalz verlieh dem Gebäck eine besondere Note.

Lag hier das eigentliche Motiv für den Hexenmord? Hatten rivalisierende Zuckerbäcker von der Erfindung der Hexe erfahren und mit allen Mitteln versucht, das Rezept in die Hände zu bekommen? Nach dem, was wir bisher wissen, wären Hänsel und Gretel durchaus als Kundschafter in Frage gekommen, waren sie doch mit der Landschaft vertraut.

Diese These ist nicht so unwahrscheinlich, wie sie anfangs klingt. Es gibt in der Literatur eine ganze Anzahl

Abb. 29 *Unten die Bruchstücke des in den Ruinen des Pfefferkuchenhauses ausgegrabenen Lebkuchens, darüber Osseggs Rekonstruktion. Sie entspricht bis auf kleine Geschmacksunterschiede genau dem Nürnberger Lebkuchen von heute.*

von Morden, die auf Küchengeheimnisse zurückzuführen sind.[3]

War die »Knusperhexe« das Opfer eines vorkapitalistischen Wirtschaftsverbrechens?

In diesem Zusammenhang ist es aufschlußreich, einmal zu verfolgen, wie die Hexe von den Märchenillustratoren im Laufe der Jahrzehnte immer widerlicher dargestellt, Hänsel und Gretel dagegen systematisch idealisiert wurden.

Auch dieses Phänomen konnte Ossegg später aufhellen.

Nachdem die Brüder Grimm die Hexe erst einmal in ein so abstoßendes Klischee gepreßt hatten, war es nicht mehr schwierig, ihr nach dem Motto: wie der Mensch aussieht, so handelt er auch, schauerliche Gewohnheiten zuzuschreiben. Die schlimmste: sie nähre sich von Kinderfleisch.

»Wenn eins in ihre Gewalt kam, so machte sie es tot, kochte es und aß es, und das war ihr ein Festtag.«

Ein gruseliges Bild, nur ist es leider falsch.

In den Akten des ehem. Reichskriminalarchivs, die über 300 Jahre zurückreichen, gibt es ganze zwei Dutzend bekanntgewordene Fälle von Kannibalismus in Deutschland, darunter keine einzige Frau als Täterin.

Vielleicht spielt hier die alte Erfahrung eine Rolle, daß Hausfrauen eine unbewußte Abneigung gegen Selbstgekochtes haben.

Nicht einmal aus Hunger könnte die Hexe zu solch makabrem Tun gezwungen worden sein, denn es gab damals im Spessart so viel Wild, daß die Bauern die

3 Brillat-Savarin: *Mord im Adlon*, Paris 1934.

Rebhühner mit der Hand fingen; ebenso gab es Beeren und Pilze in Fülle.

Es kam nun alles darauf an, Näheres über die Herkunft der Hausbewohnerin zu erfahren. Eine schwierige Aufgabe, wenn man an die Vielzahl der Hexenprozesse in der damaligen Zeit denkt. Aus Sachsen ist der Ausspruch eines Richters überliefert, der sich rühmte, 53mal die Bibel gelesen und zwischendurch 20 000 Hexen dem Scheiterhaufen überliefert zu haben.

Da half dem Forscher eine Nachlässigkeit der Brüder Grimm. Sie, die sich sonst so gut darauf verstanden, jegliche Spur dadurch zu verwischen, daß sie die Handlung ins Dichterische überhöhten, hatten einen wörtlichen Ausspruch des Opfers unzensiert hinterlassen. Er lautet:

»Knuper, knuper, kneischen,
wer knupert an meinem Häuschen[4]?«

Das ist das unverfälschte Idiom der Harzbewohner, wie es in der Gegend von Wernigerode gesprochen wird. Schon ein paar Kilometer weiter östlich, in Halberstadt, hätte es phonetisch »gnubber« und »gneischen« heißen müssen.

Georg Ossegg begab sich unverzüglich nach Wernigerode.

4 Richtiger: Heis-chen.

Abb. 30 »Hänsel, dem das Dach sehr gut schmeckte, riß sich ein großes Stück davon herunter, und Gretel stieß eine ganze runde Fensterscheibe heraus, setzte sich nieder und tat sich wohl damit. Da ging auf einmal die Türe auf, und eine steinalte Frau, die sich auf eine Krücke stützte, kam herausgeschlichen ...« Wie diese klassische Märchenszene wirklich verlaufen ist, läßt die »Wernigeroder Handschrift« ahnen.

Die Überlegungen, die Georg Ossegg an diesen Punkt seiner Nachforschungen geführt hatten, sind so einleuchtend, daß man sich allen Ernstes fragen muß, wie 150 Jahre vergehen konnten, ohne daß ihm ein anderer zuvorgekommen ist.

Ossegg war von Anfang an fest überzeugt, daß die Bewohnerin des einsamen Hauses im Spessart eine Spur ihres Wirkens hinterlassen haben müsse. Wenn sie, wie die Brüder Grimm ihr unterstellt haben, eine Hexe war, so muß ihr irgendwo der Prozeß gemacht worden sein, wahrscheinlich in der Nähe ihres Wohnortes.

Auf Hexerei stand schließlich die Todesstrafe. Das war das eine.

Ein zweiter Punkt kommt hinzu; ganz im Gegensatz zur landläufigen Meinung war das 17. Jahrhundert für den einfachen Mann eine kulinarisch absolut triste Zeit. Die riesigen Tafeleien, die wir in Gedanken mit der Barockzeit verbinden, waren der herrschenden Klasse vorbehalten, Bauernhochzeiten ausgenommen.

Man kann deshalb unterstellen, daß in einer Zeit, da der Hirsebrei die Hauptnahrung war, die Erfinderin des Lebkuchens auf ein Interesse rechnen konnte, wie es sonst nur den Alchemisten entgegengebracht wurde. Ihre mysteriöse Zurückgezogenheit hat die Neugierde sicher noch beflügelt und damit ihre Popularität gesteigert.

Das Echo auf den irdischen Wandel der Hexe hoffte Ossegg in ihrer – immer noch vermuteten – Heimatstadt aufzufinden.

Es wird immer erstaunlich bleiben, wie sein präzises Dialektgefühl den Forscher mit fast nachtwandlerischer Sicherheit nach Wernigerode führte.

Trotz dieser Überlegungen, deren Richtigkeit sich später aufs glänzendste bewies, wäre die Identität der Hexe sicher unentdeckt geblieben, wenn das Märchen von Hänsel und Gretel nicht einen authentischen Kern gehabt hätte, der in seinen Grundzügen 163 Jahre vorher dokumentarisch aufgezeichnet worden war.

Dieses einzigartige Dokument besteht aus zwei engbeschriebenen Seiten und einem Titelblatt mit der Abbildung einer jungen Frau, die auf die Innendeckel eines Pergamentbandes aus dem Jahre 1597 geklebt sind.

Die Handschrift trägt den barocken Titel:

WIRKLICHE UND AKKURATESTE
BESCHREYBUNG DER HOCH NOTPEINLICHEN
BEFRAGUNG DER KATHARINA SCHRADERIN
GENANT DIE BAKKERHEXE.

Der Pergamentband ist etwa 18 mal 34 cm groß und enthält die Bücher der Propheten von Isaias bis Daniel. Er stand seit der Einrichtung des Wernigeroder Stadtarchivs in dessen Regalen, ohne daß sein doppelter Inhalt in seiner literarhistorischen Bedeutung erkannt worden wäre, bis Ossegg ihn an einem schönen Septembertag des Jahres 1962 hier auffand. Die beiden eingeklebten Seiten, im folgenden *Wernigeroder Handschrift* genannt, dürften als der Entwurf zu einem Flugblatt anzusehen sein. Über den Autor wissen wir nichts, wahrscheinlich stand er in obrigkeitlichen

Diensten und wollte deshalb lieber anonym bleiben. Seine genaue Sachkenntnis legt sogar den Gedanken nahe, daß er selber der Schreiber oder Notar des Hochnotpeinlichen Verhörs war.

Er schildert in der Sprache seiner Zeit das Verhör einer Frau, die der Hexerei angeklagt ist, verübt mit Hilfe eines Teufelsbackwerks.

Die Parallelen, die dieses historische Hexenverhör mit dem Grimmschen Kindermärchen aufweist, sind so unerhört evident, daß nur ein Schluß möglich ist: Wir stehen hier vor dem literarischen Modell des Märchens von Hänsel und Gretel.

Man muß sich das Einmalige dieses Vorgangs vor Augen führen: Zum erstenmal hatte eine deutsche Märchenfigur Namen und Adresse erhalten.

Damit aber hatte Ossegg ein Fadenende in der Hand, das er nun emsig aufzuspulen begann. Am Ende seiner Recherchen, die ihn durch hessische Pfarr- und Matrikelämter, thüringische Heimatmuseen[5] und Archive bis ins Germanische Museum in Nürnberg führten, stand folgendes Ergebnis:

5 Die Teilung unseres Vaterlandes stellte den Forscher vor neue Schwierigkeiten. Wie sollte er den Antrag auf eine Aufenthaltsgenehmigung motivieren? Würde er als »Hexenjäger« nicht den Argwohn der mitteldeutschen Behörden erwecken? Sind »Hänsel und Gretel« als »Kulturelles Erbe« anzusprechen, ein Begriff, der drüben manche Türe öffnet? Wer hätte aber auch ahnen können, daß quer durch die Schauplätze eines deutschen Märchens einmal der Stacheldraht laufen würde? Schließlich bot die Erkrankung einer Verwandten in Quedlinburg den gesuchten Ausweg.

1) Das in der *Wernigeroder Handschrift* beschriebene Verhör hat wirklich stattgefunden, und zwar in Gelnhausen am 15. 7. 1647, also im Jahre vor dem Westfälischen Frieden.
2) Die der Hexerei angeklagte Katharina Schraderin war identisch mit der Bewohnerin des Hauses auf dem Engelesberg, dessen Grundmauern Ossegg einige Monate vorher freigelegt hatte.
3) Die gleiche Katharina Schraderin war die historische »Knusperhexe« aus dem Grimmschen Märchen.

Die *Wernigeroder Handschrift* ist zwar in der gleichen Form (indirekte Rede) abgefaßt, die bei den Hexenprotokollen üblich war, trotzdem müssen wir uns hüten, darin eine wörtliche Niederschrift zu sehen. Dagegen spricht neben der konzentrierten Form schon das Datum der Entstehung, 1651, also vier Jahre nach dem Verhör.

Das kurze, abenteuerliche Leben der Katharina S.

Aus Kirchenbüchern, Protokollen und Akten schälte sich so nach und nach die Geschichte der »Bakkerhexe« Katharina Schraderin.

Sie wurde 1618 als siebtes Kind eines Köhlers zu Wernigerode am Harz geboren und trat mit 16 Jahren in den Dienst des Abtes von Quedlinburg, wo sie bis 1638 in der Küche beschäftigt war.

Die nächste Aufzeichnung berichtet bereits davon, daß sie auf den Märkten und Messen Süddeutschlands Lebkuchen feilbot. Die Erfindung des Lebkuchens dürfte also in der Quedlinburger Abtei erfolgt sein. Wahrscheinlich erhielt sie dabei Anregungen von einem türkischen Patissier, dessen Wirken am Quedlinburger Hofe um diese Zeit urkundlich belegt ist.

Eines Tages hatte Katharina ihren Stand auf dem Nürnberger Marktplatz unweit des Schönen Brunnens aufgeschlagen. Dort begegnete ihr der herzogliche Hofbäcker und machte ihr einen Antrag. Katharina wies ihn zurück, wahrscheinlich weil sie seinen Hintersinn durchschaut hatte: Es ging ihm um das Geheimnis der Herstellung der damals schon weitgerühmten Leb-Kuchen, welches eine hübsche Mitgift bedeutet hätte.

Nun war der Bäcker, er hieß Hans Metzler, ein hartnäckiger Freier. Katharina mußte sich seinem fortgesetzten Drängen bald durch die Flucht entziehen. Auch in Wernigerode fand sie keine Ruhe vor ihm, so daß sie ihren dortigen Haushalt auflöste und über Nacht verschwand. Nur ihr Backgerät nahm sie mit. Das war Anfang 1647.

Sie zog in das einsam gelegene Haus am Engelesberg im Spessart, das später als Hexenhaus literarischen Weltruhm erlangen sollte.

Sie kaufte das kleine Fachwerkhaus, das lange leergestanden hatte, ließ es renovieren und für ihre Zwecke umbauen; vor allem ließ sie die vier Backöfen neu errichten.

Nun folgte eine ruhige, ungewöhnlich fruchtbare Zeit für Katharina. Kaum ein Monat verging, wo sie nicht eine neue Variante ihres Lebkuchens auf den Markt gebracht hätte. So erfand sie den gefüllten Honigkuchen, die Merseburger Muskatlebzelten, den kandierten Sirupkuchen auf Bamberger Art sowie die Gelnhäuser Leckerli. Wahrscheinlich stammen auch der Spitzkuchen und die Dominosteine aus ihrer Werkstatt; aber das läßt sich nicht genau nachweisen.

Ossegg gelang es, im Keller des Lorscher Klosters Lieferantenrechnungen aufzufinden, aus denen hervorgeht, daß die Erzeugnisse der »Bakkerhexe« an den Höfen und Abteien zwischen Fulda und Mainz sehr geschätzt, ja berühmt waren.

Dieser neuerliche Ruhm erweckte den Neid des Nürnberger Hofbäckers. Er zeigte Katharina beim Gelnhäuser Stadtschultheißen als Hexe an.

Wir wissen, wie wenig damals dazu gehörte, um als Hexe angeklagt und verhört zu werden. Obwohl der Höhepunkt der Hexenverfolgungen um 1647 in diesem Teil Deutschlands eben überschritten war, hatte doch immer noch eine unbewiesene Verdächtigung für das Opfer die peinlichsten Folgen. Wenn es noch unklar war, ob man es mit einer richtigen Hexe zu tun hatte, warf man die Delinquentin einfach gefesselt ins Wasser. Schwamm sie oben, war sie eine Hexe und mußte verbrannt werden. War sie keine, ging sie unter und ertrank.

Das Motiv des Hans Metzler für seine Denunziation war durchsichtig. Er wollte sich seinen Anteil am konfiszierten Besitz des Opfers sichern, worunter er auch das Rezeptgeheimnis zu finden hoffte.

Diese Vorgänge müssen dem anonymen Verfasser der *Wernigeroder Handschrift* bekannt gewesen sein, wie aus einigen Textstellen hervorgeht. Berücksichtigen wir schließlich die genauen Kenntnisse der damaligen Verhörpraxis sowie der ökonomischen Hintergründe, so können wir in der Handschrift am besten eine freie Nacherzählung des Verhörprotokolls sehen. Die stellenweise parodierende Form sollte uns über den Wahrheitsgehalt nicht hinwegtäuschen, sie hatte didaktische Absichten.

Wirkliche
& akkurateste
Beschreybung der hoch Not-
peinlichen Befragung
der
Katharina Schraderin
genant die Bakkerhexe

EIGENHENDICH AN DEN TAG GEGEBEN VON ***
M.DC.LI

Abb. 31 Das Titelblatt der Wernigeroder Handschrift

Wirkliche & akkurateste Beschreybung der hoch Notpeinlichen Befragung der Katharina Schraderin genant die Bakkerhexe

In der Fragstatt zu Gellnhausen wurd neulings examinirt / die Jungfer Katharina Schraderin vulgo Bakkerhexe / so im Spessert in einem einsamen Gemäur hausiret.

Auf des Richters Justinus Dythfurt[6] Frage / ob sie die Hexe, Schwartz- und Zauberkünstlerin Katharina sey / bemerkt dieselbe artig / sie wisse wohl, daß es Hexen gebe / die Mensch und Thier besprechen / aber bei ihrer Seligkeyt hätt sie stets ein sittsam und gottgefellig Leben vollführt.

Wie der Beysitzer Hanns Sontheymer, Lic.[7] ihr vorhält / sie lockte Menschen in den Wald und wär ihr Dach zu diesem Ziel mit Kuchenwerk bedeckt / wie keiner noch gesehn / die Fenster seltzam aus Zuckertand gemacht / erwidert sie drauf ohne Arg / ihr Haus war anders nit als seines auch / aus Lehm Geflecht und Pfosten / das Dach mit Holz gedeckt.

Er könnt es selber sehn / so er den Weg nit scheut. Den Sontheymer scheint der Diskurs mehlich zu verdrißen / er fährt die Delinquentin an / der Zeuge hätt es hiebevor genau beschrieben und beschwohren / sie sollt sich der Hoffart hüten.

6 Justinus von Dythfurt, Doctor der hl. Theologie und Domherr zu Fulda, fungierte als befragender Richter.

7 Hanns Sontheymer, Licentiat des kanonischen Rechts aus Lorsch, Beisitzer.

Die Katharina drauff / er sollt dem Nürnberger[8] ja nit glauben / was er auch sagt, geschäh aus Haß / weyl sie ihn abgewiesen. Der Richter contradictiert erbost / ob sie auch leugne, die curiösen Kuchen zu backen. Der Zeuge hätt sie selbst geschmeckt und dem Profoß berichtet / sie seyen süß wie Teufels Dreck und als er sie gegessen sey er in Morpheus Arm gesunken. Gottslästerliche Thräum hätt er gehabt / und viehische Begierden seynd ihn überkommen[9].

Die Delinquentin läßt sich drob nit ins Bockshorn jagen und replicirt / das war ein Widersinn, ein Dach mit Kuchen decken. Der erste Regen weycht es auff und's regent viel im Spessert / wie jeder wüßt.

Dieweyl Ehrwürden Domherr seiner Sach nit mehr so sicher scheynt / kömmt ihm der Sontheymer zu Hülff: Die Zeugen sagten auch / wenn sie die Menschen hätt ins Haus gelockt / sperrt sie sie ein in eynen Stall und caressieret ihren Wanst. Dann, wenn sie wohl gerundet seynd / sticht sie die Hexe ab / backt sie und frißt sie auff. Zu diesem Ziel hätt sie vier sonderlich groß Öfen auffgericht. Die Katharina ruhig / betreffs der Öfen könne sie nit sprechen. Was sie dort thue / sey des Kaisers.

Hiebey bleibt sie auch standhaft / wie ihr der Scharfrichter die Daumenzwenge weist[10].

8 Gemeint ist der Nürnberger Bäcker Hans Metzler.
9 Eine erfundene Behauptung, um die harmlosen Lebkuchen als Hexenmedizin zu brandmarken.
10 Die in peinlichen Befragungen übliche erste Warnung: der Scharfrichter zeigt dem Delinquenten die Folterwerkzeuge, um ihn einzuschüchtern.

Der Domherr wider: Obs wahr / daß sie aus Wernigeroda stammt. Ob nit der Brocken nahebey. Man sage doch / die Hexen tanzten um den Berg und träfen sich mit Succubus[11] zu unfletigen Verrichtungen. Ob daß ein Zufall sey / daß sie vom Brocken kömmt. Ob sie gar auf dem Besen hergeflogen sey.

Wie aber die arme Creatur ihr Maulwerk hält / legt ihr der Scharfrichter die Daumenzwengen an / und zieht sie gräulich fest. Die Jungfer stöhnt / ob sie die Wahrheit aus ihr pressen möchten / ob sie erst dann zufrieden seyen / wenn sie lüge.

Die Nacht liegt Katharina im Gefängnus.

Den andern Tag mahnt sie der Dythfurt wider / vom Eygensinn zu lassen / worauf sie auf die Bibel schwört.

Der Sontheymer beharrt / sie soll anjetzo sagen / wie sie hiebey geflogen sey. Drauf Katharina couragiert: Die Menschen könnten nun einmal nit fliegen / wie Vögel, Hummeln oder Käfer auch / sie seynd für immer an die Erden festgebunden. Versucht es einer doch / so stürzt er nieder / wie der Ikarus von Ulm[12]. Hätt sie der Zeuge fliegen sehn / so log er hier / wie auch in allem andern / was er sagt.

Der Sontheymer inquisitiert zum andern Mal / sie sollt verrathen / wie Menschen Fleysch gustire. Ob mans dem Katzenfleysch vergleichen könnt / dem Reb-

11 Succubus, der unterliegende Teufel, im Gegensatz zu Incubus, dem Aufliegenden.

12 Gemeint ist der Schneider von Ulm, der mit selbstgenähten Flügeln von einem Turm fliegen wollte, aber in die Donau stürzte.

huhn, dem Fasan? Und wie sies zubereithe? Mit Kümmel, Majoran und Kardamom? Wann nit, auf welsche Arth, mit Zwibeln?

Die Jungfer schüttelt sich vor Graun und repliciert, sie schäme sich for das Gericht. Ob sie nit sähn, daß jener, der sie annonciret / dies nur getan, um sich an ihr zu rächen. Und sie, die Hochgelahrten Herrn / Doctores auch, glaubeten dies Schelmenstück vom Kuchendach und Menschen Fleysch.

Drauff mußten die Richter die Bakkerhexe laufen lassen / da sie auch Angesichts der Folter standhaft blieb.

So geschehn zu Gellnhausen im 29ten Jahr des großen Kriegs.

Von Gelnhausen bis Kassel

Die Zeit zwischen dem Gelnhäuser Hexenprozeß und 1812, dem Erscheinungsjahr des ersten Bandes der Kinder- und Hausmärchen der Brüder Grimm, ist dokumentarisch sehr spärlich belegt.

Versuchen wir den weiteren Verlauf zu rekonstruieren:

Die Hexe Katharina war freigesprochen worden. Ein seltener Fall, aber auch wieder nicht so selten, wie man gemeinhin annimmt.[13]

Als Hans Metzler sah, daß nicht einmal die Inquisition ihm zu seinem Ziel verhelfen konnte oder wollte, ging er von seinem Haus (dem sog. Vaterhaus) einen Tagesmarsch quer durch den Wald auf den Engelesberg. Seine Schwester Grete begleitete ihn, wahrscheinlich als Zeugin für seine spätere Aussage vor Gericht.

Die Gegenlichttheorie muß dazu durchaus nicht im Widerspruch stehen. Das Gespräch um das Kätzchen auf dem Schornstein kann sich so zwischen den Geschwistern abgespielt haben. Ebenso einleuchtend ist es, daß sich auch Erwachsene – Hans und Grete waren damals 37 und 34 Jahre alt – Wegzeichen anlegen, um wieder nach Hause zu finden. Dieser Teil des Spessarts

13 Im Februar 1595 wurde in Nördlingen die Wirtsfrau Maria Holl in einem Hexenprozeß freigesprochen, nachdem sie innerhalb zweier Jahre 56mal peinlich verhört worden, aber standhaft geblieben war.

Abb. 32 Die Überreste eines Bundschuhs aus dem 17. Jahrhundert. Er lag zwischen dem Haus und den Backöfen; wahrscheinlich hatte ihn das Opfer verloren, als es dorthin geschleift wurde.

war damals ein völlig unwegsames Gehölz ohne Weg und Steg. Es gab weder Karten noch Markierungen.

Der Ast ist sicher deshalb angebracht worden, um wilde Tiere abzuschrecken; dem gleichen Zweck diente das Feuer. Möglich, daß die Geschwister einmal im Walde übernachten mußten.

Dagegen ist der zweite Gang in den Wald und die Markierung mit Brotbröckchen offensichtlich eine spätere Ergänzung. Erfunden ist auch die Rolle der Eltern in der Erzählung. Sie haben nie in dem sogenannten Vaterhaus gewohnt.

Erfunden ist auch die sogenannte Fluchtgeschichte, die den Heimweg vom Hexenhaus schildert. Auf sie kommen wir noch zu sprechen. Der historische Ablauf dürfte weitaus prosaischer gewesen sein.

Hans und Grete Metzler stießen auf das Haus am Engelesberg, brachen die Tür auf, erwürgten die Bewohnerin, schleiften sie vom Haus über die Lichtung zu den Backöfen, wobei ihr Opfer einen Schuh verlor, und verbrannten sie dann in einem der vier Öfen (Abb. 32). Dann drehten sie das Unterste zuoberst, um hinter das Backgeheimnis zu kommen; ohne Erfolg. Das Rezept, um dessentwillen die Hexe sterben mußte, fand Georg Ossegg erst über 300 Jahre später in dem Versteck an der Hausmauer.[14]

14 Wie das Geheimnis der Lebkuchenerzeugung nach Nürnberg kam, ist noch unklar. Vermutlich hat Hans Metzler, nachdem er das Rezept nicht in seinen Besitz bringen konnte, wenigstens einige der im »Hexenhaus« überall herumliegenden Lebkuchen an sich genommen. Zu Hause dürfte er dann mehr schlecht als recht versucht haben, die

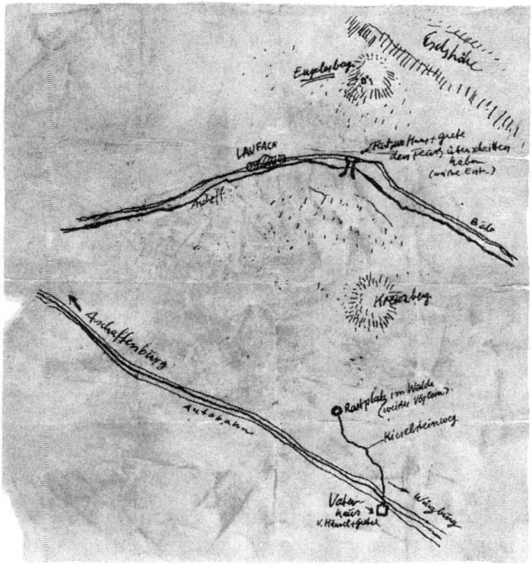

Abb. 33 Kartenskizze von Georg Ossegg, mit den wichtigsten Schauplätzen der Geschichte von Hänsel und Gretel, alias Hans und Grete Metzler aus Nürnberg.

Lebkuchen »nachzubacken«. Das hätte er freilich billiger (und humaner!) haben können. Trotz dieses düsteren Beginns ist die Lebkuchenbäckerei in der alten Reichsstadt später zu hoher Blüte gelangt. Der gewisse Unterschied im Geschmack, den Ossegg konstatiert hatte, ist freilich erhalten geblieben.

Nun kommt das Unglaubliche. Obwohl das Verbrechen entdeckt und die beiden Täter vor Gericht gestellt wurden, sind sie beide freigekommen. Dafür gibt es zwei Beweise.

Zum einen tauchte Hans Metzler bereits 1648 wieder in Nürnberg auf, wo er seinem Beruf ohne jegliche Repressalien nachgehen konnte. Er starb 1660 hoch angesehen, nachdem er es zwei Jahre zuvor noch zum Stadtrat gebracht hatte.

Das zweite Dokument ist ein Gedicht, das dem Andreas Gryphius zugeschrieben wird. Es ist zwar in verschiedene Sammlungen aufgenommen worden, seinen eigentlichen Bezug erhält es aber erst durch die Entdekkung der *Wernigeroder Handschrift.* Wir drucken das Gedicht hier nach einer Fassung von 1910[15].

EPILOG

So triumphierten Bosheit, Lug und Haß
Ein stummer Richter hat sie freigesprochen
Sie sagt, sie hätte Menschenfleisch gerochen
Ein tauber Schöffe glaubt ihr das
Ein lahmer Büttel ließ sie aus dem Loch
Ein blinder Schöffe hat es aufnotiert
Wie Hans und Grete sich hier aufgeführt
Die Richter, ach, sie leben immer noch.

Dieser EPILOG kann sich nur auf einen Prozeß beziehen, der dem Hans und der Grete Metzler wegen

15 *Andreas Gryphius und sein Kreis,* hrsg. von Eberhard Notge, Leipzig 1920.

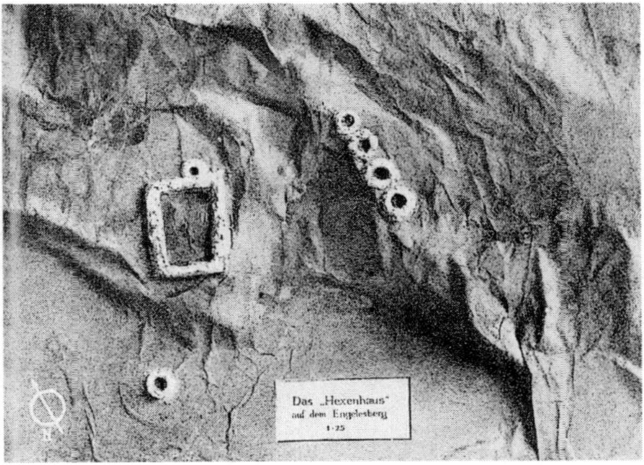

Abb. 34 Ein Modell der Grabungen am Engelesberg. Links die Fundamente des Hauses, rechts davon die vier Backöfen, vorne links der Brunnen.

Raubmordes an der Hexe gemacht worden ist. Es ist nicht bekannt, wo dieser zweite Prozeß stattgefunden hat und wer die Richter waren. Sicher ist nur, daß sie dem Märchen von der Hexe, die sich von Menschenfleisch nährte, unbedenklich Glauben geschenkt haben müssen. So läßt sich auch der Freispruch der beiden begründen; das Argument der Notwehr brauchte da gar nicht mehr angeführt zu werden. Immerhin spiegelt der EPILOG die ganze Erbitterung, mit der aufgeklärte Geister das Geschehen verfolgten. Das ist besonders bemerkenswert zu einer Zeit, die durch den Dreißigjäh-

Abb. 35 Eine Aufnahme aus der Erbenheimer Polytechnischen Versuchsanstalt. Hier werden gerade die Reste des Pfefferkuchens einem radiologischen Zerfallstest unterworfen.

rigen Krieg eine unglaubliche Verrohung der Sitten und Gemüter erfahren hatte.

Jedenfalls muß in den Jahren zwischen dem Epilog und dem Erscheinen des ersten Bandes der Kinder- und Hausmärchen etwas geschehen sein, was wir heute die Bewältigung der Vergangenheit nennen würden.

Es fällt schwer, genau die Rolle zu bestimmen, die Jacob und Wilhelm Grimm bei der »Umdichtung« des Falles gespielt haben.

Als gesichert gilt heute, daß ihnen der Stoff von Dorothea (Dortchen) Wild, der späteren Frau Wilhelms,

Abb. 36 Auf diesem Stuhl, geschützt durch Gitterwerk und Blendlaternen, konnte der vernehmende Richter das Verhör führen, ohne von seinem Opfer selbst erkannt zu werden.

Abb. 37 Auch durch den Hinweis auf die verschiedenen Foltergeräte ließ die »Knusperhexe« sich nicht einschüchtern. »Drauff mußten die Richter die Bakkerhexe laufen lassen / da sie auch Angesichts der Folter standhaft blieb« (Wernigeroder Handschrift).

Abb. 38 Die Nacht zwischen den Befragungen verbrachte Katharina im »Gefängnus«, einem engen Verlies, das man nur gebückt betreten konnte.

vermittelt wurde. Diese wiederum hat ihn wahrscheinlich von durchziehenden Soldaten oder Fuhrleuten gehört, die im Gasthaus ihres Vaters Johann Isaac Pierson, dem »Birkenbaum« zu Rengershausen bei Kassel, übernachteten.

Über das Ausmaß, in dem die Brüder Grimm die Rolle der Geschwister idealisierten, gibt ein Brief Aufschluß, den Jacob an Wilhelm richtete. Er schreibt u. a.:

»Diese Historia von den beiden Geschwistern ist mir denn doch zu gewaltthätig, um in unserer Sammlung Aufnahme zu finden. Dies bekümmert mich über alle Maßen; athmet doch gerade diese Begebnis so recht sehr den ungebrochenen Sinn unserer lieben Landsleute für guth und böse. Wie wäre dem wohl zu thun? Wenn das Hexlein nun ein altes Weib wäre, mit einem Buckel und gar noch einer Katze oder Raben drauf, könnte dem ganzen doch eine recht bedeuthende und belehrende Wirkung entsprießen.«

Dieser Text ist sehr aufschlußreich; schade nur, daß die Antwort darauf nicht erhalten geblieben ist. Immerhin rechtfertigt die Tatsache, daß der Stoff schließlich doch in die Märchensammlung Aufnahme gefunden hat, den von Georg Ossegg wiederholt ausgesprochenen Verdacht, das Märchen sei von den Brüdern Grimm vorsätzlich manipuliert worden.

Es wird eine Aufgabe für künftige Literaturhistoriker sein, herauszufinden, welchen Weg die Überlieferung genommen hat und wo sie aus didaktischen Motiven heraus abgeändert bzw. verfälscht worden ist.

Dabei wird man die besondere Atmosphäre des Jahres 1812 berücksichtigen müssen.

Die weißen Vögel

Ein besonders gutes Beispiel für das metaphysische Halbdunkel, in das dieser historische Kriminalfall von den Brüdern Grimm versenkt wurde, ist das Auftauchen der beiden weißen Vögel. Typisch für beide ist, daß sie als deus ex machina immer dann erscheinen, wenn es mit rechten Dingen nicht mehr weitergeht.

Der erste ist ein Waldvögelein, das den verirrten Kindern im Märchen den Weg ins Hexenhaus weist. Damit war jeder, der den Weg der Geschwister durch den Hexenwald rekonstruieren wollte, vor eine fast unlösbare Aufgabe gestellt. Wie wir gesehen haben, gelang es Ossegg nur mit unendlicher Geduld und viel Glück, die schon verlorene Spur wieder aufzunehmen.

Der zweite weiße Vogel ist eine Ente. Sie kommt wie gerufen gegen Ende des Märchens herbeigeschwommen, als die Kinder auf dem Heimweg an ein großes Wasser gelangen.

Gretel ruft sie an:

»Entchen, Entchen,
da steht Gretel und Hänsel.
Kein Steg und keine Brücke, –
nimm uns auf deinen weißen Rücken.«[16]

»Das tat das gute Tierchen ...«, heißt es weiter.

16 Der mangelhafte Reim beweist: Es sollte eigentlich »Rücke« heißen. So aber sagt man auch im Spessart.

Abb. 39 Franz v. Pocci: Gretel wird von der Ente ans rettende Ufer gebracht. Um die Sache glaubwürdiger zu machen, vergrößerte der Zeichner die Ente um das dreifache. Es war immer noch zu wenig, wie der Laboratoriumsversuch klar ergab.

Nun konnte aber Ossegg in seinen Untersuchungen nachweisen, daß Hans und Grete Metzler das »Große Wasser«, die Aschaff, über eine Furt östlich von Laufach überquerten (Abb. 33). Diese Furt haben die Brüder Grimm in ihrer Jugend noch selber benutzt. Man wird deshalb nicht sagen können, daß die Episode mit der Ente einem poetischen Motiv entsprungen ist, so schön sie sich auch liest.

Viel näher liegt der Schluß, die Grimms wollten damit andeuten, daß Hänsel und Gretel den Fluß an einer tiefen Stelle durchquerten; die Aufmerksamkeit sollte von der Furt bei Laufach abgelenkt werden.

So nahmen denn auch die Brüder die dichterische Freiheit für sich in Anspruch, die arme weiße Ente mit einem Gewicht zu belasten, das sie unweigerlich auf den Grund des Flusses gedrückt und auch ihrem Fahrgast ein nasses Grab bereitet hätte.

Spätere Märchenforscher gaben diesem Verfahren ihren Segen[17], ohne sich im Traum einfallen zu lassen, daß sie damit der Verschleierung eines wenn auch verjährten Kriminalfalls Beihilfe leisteten.

17 G. Meinhard, »Das Irreale bei den Brüdern Grimm am Beispiel der Fluchterzählungen«, in *Anthroposophische Blätter*, Nr. 51, Stuttgart 1920.

Engelbert Humperdinck – Vollender einer Legende

Abb. 40 Engelbert Humperdinck

Das ganze 19. Jahrhundert hindurch dauerten die Bemühungen an, das Verbrechen von Hans und Grete in einem milderen Lichte erscheinen zu lassen. Man hatte zwar jetzt den Text von Jacob und Wilhelm Grimm, auf den man sich berufen konnte, aber selbst der erschien den Bürgern nun zu grausam. Also wurde er weiter verniedlicht.

Eine besondere Rolle spielte dabei Engelbert Humperdinck mit seiner Oper *Hänsel und Gretel*, genauer seine Schwester und Librettistin, Adelheid Wette.

Sind die Eltern bei den Grimms noch böse Menschen, die ihre Kinder im Wald aussetzen, so sind sie bei Adelheid Wette einfache, arme Besenbinder, hungrig, aber ehrlich.

VATER (Bariton)
Ach, wir sind ja gern zufrieden;
denn das Glück ist so verschieden,
aber, aber wahr ists doch:
Armut ist ein schweres Joch!
Rallalala, rallalala, rallalala
Hunger ist der beste Koch!

Die Mutter, ein rechtschaffen Weib, hat die Kinder wegen schlechten Betragens in den Wald geschickt. Sie sollen dort zur Strafe Erdbeeren pflücken. Als die Kinder nicht heimfinden, wird die Mutter von Angst geschüttelt:

VATER (Bariton)
Kennst du nicht den schauerlich düstern
Ort?
Weißt nicht, daß die Böse dort wohnt?

MUTTER (Mezzosopran)
Die Böse? Wen meinst du?

VATER (Bariton) (mit geheimnisvollem Nachdruck)
Die Knusperhexe!
[…]
die Kinderlein,
Armsünderlein,
mit Zauberkuchen lockt sie hinein.
Doch übelgesinnt
ergreift sie geschwind
das arme Kuchen knuspernde Kind.
In den Ofen hitzhell,
schiebt's die Hexe blitzschnell,
gebräunet das Fell,
aus dem Ofen, aus dem Ofen:
die Lebkuchenkinder!

Auch das Hexenhaus hat hier bereits seine endgültige Form gefunden: Aus dem ursprünglichen hessischen Fachwerkbau ist das Brothäuslein geworden:

HÄNSEL UND GRETEL (Mezzo und Sopran)
Mit Fladen und Torten
ist's hoch überdacht! …
Die Fenster wahrhaftig
wie Zucker so blank,
Rosinen gar saftig
den Giebel entlang!
Und – traun!
Rings zu schaun
gar ein Lebkuchenzaun.

Aber dann, nach der Arie: Oh, herrlich Schlößchen, wie bist du schmuck und fein! ... (3. Bild, 2. Szene) folgt unvermutet eine Stelle, die aufhorchen läßt:

HÄNSEL
Hei, wie das schmeckt! 's ist gar zu lecker!

GRETEL
Vielleicht gar wohnt hier ein Zuckerbäcker!

Hat Adelheid Wette den wahren Sachverhalt gekannt, als sie Gretel die Wahrheit als Vermutung aussprechen läßt?

Wir wissen es nicht. Jedenfalls ist die Knusperhexe, die bei ihr auf den lächerlichen Namen *Rosina Leckermau!* hört, eine äußerst abstoßende Figur. Sie beherrscht den Hexenbann, reitet auf dem Besen über die Bühne und weiß viele Zaubersprüche.

Ihren Appetit auf Kinderfleisch kann sie nicht zügeln:

HEXE (Mezzosopran), schnalzend:
Schlicker, schlecker,
lecker lecker!
Kleines leckeres Schlingerchen,
zeig mir dein Fingerchen!

Sie füttert den Hänsel:

Friß, Vogel, oder stirb –
Kuchen-Heil dir erwirb!

Aber es hilft alles nichts. Die Knusperhexe muß ins Feuer, und die Kinder tanzen frohgemut um den Ofen. Dem Vater zu Hause schlägt das Gewissen immer lauter.

VATER

Rallalala, rallalala
wären doch unsre Kinder da!

Die Hexe aber ist in einen großen Lebkuchen verzaubert worden, an dem die armen Besenbinder nun lange zu essen haben. So hat alle Not ein Ende, und es kann zum Schlußchor kommen.

VATER

Kinder, schaut das Wunder an,
wie die Hexe hexen kann.
Wie sie hart,
knusperhart,
selber nun zum Kuchen ward!
Merkt des Himmels Strafgericht:
böse Werke dauern nicht!
Wenn die Not aufs Höchste steigt,
Gott der Herr die Hand uns reicht!

ALLE

Wenn die Not aufs Höchste steigt,
Gott der Herr die Hand uns reicht!

(Indem die Kinder einen lustigen Reigen um die Gruppe tanzen, fällt der Vorhang.)

Georg Ossegg und die Folgen

Wie wird es nun weitergehen?

Als Koldewey den Turm zu Babel ausgrub, hielt die Welt den Atem an. Wie wird eine veränderte Welt auf die Ausgrabung des historischen Hexenhauses am Engelesberg reagieren?

Wird sie begeistert sein, bestürzt oder ablehnend? Wird man Georg Ossegg einreihen in die unsterbliche Phalanx der Winckelmann, Schliemann, Evans, Champollion, Mariette, Petrie, Howard Carter, Botta, Layard, Smith und Woolley?

Oder wird es ihm zum Nachteil gereichen, daß seine Funde nicht auf exotischem Boden gemacht wurden, nicht in Ägypten, Griechenland und Mesopotamien, sondern in den deutschen Bergwäldern?

Verschiedene bagatellisierende Reaktionen von seiten der Kathederwissenschaft lassen solche Befürchtungen aufkommen. Ist es unsere Schuld, daß die germanischen Kulturen nördlich der Alpen nicht aus Marmor, sondern aus dem vergänglicheren Werkstoff Holz errichtet wurden? Sind sie deshalb weniger wert?

Es kann aber auch anders kommen:

Warum sollte das Märchen von Hänsel und Gretel als einziges einen historischen Hintergrund haben? Wissen wir heute schon, wie viele ungehobene Schätze noch in unserer Heimaterde ruhen mögen?

Die Herkunft eines weiteren Volksmärchens ist bereits jetzt so gut wie sicher.

Noch während Ossegg an der Auswertung seiner Funde vom Engelesberg arbeitete, erhielt er einen Hinweis, der ihn nach Bergen bei Frankfurt am Main führte. In einem alten Haus am Marktplatz dieses historischen Fleckens[18] wurde bei Restaurierungsarbeiten ein Dekkenbalken freigelegt, den eine eigentümliche Schnitzerei zierte.

Lange rätselte man an der Bedeutung dieses naiven Kunstwerks herum, bis Ossegg mit Hilfe des Datums hinter sein Geheimnis kommen konnte.

Die Schnitzerei hält das Ergebnis eines denkwürdigen Handels für die staunende Nachwelt fest, der am 7. Mai 1786 am Bergener Markt getätigt wurde. Wir kennen nur den einen Kontrahenten. Er hieß Johann Berchthold, stammte aus Mainz und war von Beruf Viehhändler; ein besonders Gerissener seines Fachs, wie

Abb. 41 Der geheimnisvolle Deckenbalken in Bergen. Er führte auf die Spur des historischen Vorläufers des »Hans im Glück«. Nachzeichnung von E. v. Richardson.

18 Der »Schelm von Bergen« wirkte hier.

die Marktchronik berichtet. An diesem Tag nun lieferte er sein Meisterstück. Innerhalb weniger Stunden erhandelte er für einen Schleifstein eine Gans, für diese ein Schwein, für das Schwein eine Kuh, für diese ein Pferd und für das Pferd einen ansehnlichen Batzen Goldes.

Die Tatsache, daß dieser Handel sogar im Bilde festgehalten wurde, scheint den Satz zu bestätigen, daß einem Bauern insgeheim niemand mehr imponiert als jemand, der ihn richtig übers Ohr hauen kann.

Kein Zweifel, daß wir hier die Grundform des Märchens vom Hans im Glück vor uns haben.

So scheint auch die Kunde vom Teufelskerl Johann Berchthold die Brüder Grimm erreicht zu haben.

Nun paßte aber diese Geschichte keinesfalls in das

antimaterialistische Weltbild des angehenden 19. Jahrhunderts.

Was tat man also? Man drehte einfach die Reihenfolge des Handels um – und jetzt stimmte sie. Hans im Glück tauscht jetzt das Gold gegen das Pferd, die Kuh, das Schwein, die Gans und behält zum Schluß nur den wertlosen Wetzstein.

Aber jeder Verlust macht ihn immer noch glücklicher.

Das romantisch-idealistische Weltbild war wieder intakt.

Seit damals existiert das Wort vom Gold, das nicht allein glücklich macht; erstaunlich, wenn man bedenkt, wie es zustande kam.

Vielleicht hat der Laienforscher Georg Ossegg in seiner bescheidenen Art die Tore geöffnet zu einer ganz neuen wissenschaftlichen Disziplin.

Man wird sie zukünftig mit Ossegg die »Märchenarchäologie« nennen müssen.

Anhang

Brüder Grimm

Hänsel und Gretel

Vor einem großen Walde wohnte ein armer Holzhacker mit seiner Frau und seinen zwei Kindern; das Bübchen hieß Hänsel und das Mädchen Gretel. Er hatte wenig zu beißen und zu brechen, und einmal, als große Teuerung ins Land kam, konnte er auch das tägliche Brot nicht mehr schaffen. Wie er sich nun abends im Bette Gedanken machte und sich vor Sorgen herumwälzte, seufzte er und sprach zu seiner Frau: »Was soll aus uns werden? Wie können wir unsere armen Kinder ernähren, da wir für uns selbst nichts mehr haben?« »Weißt du was, Mann«, antwortete die Frau, »wir wollen morgen in aller Frühe die Kinder hinaus in den Wald führen, wo er am dicksten ist: da machen wir ihnen ein Feuer an und geben jedem noch ein Stückchen Brot, dann gehen wir an unsere Arbeit und lassen sie allein. Sie finden den Weg nicht wieder nach Haus, und wir sind sie los.« »Nein, Frau«, sagte der Mann, »das tue ich nicht; wie sollt ichs übers Herz bringen, meine Kinder im Walde allein zu lassen, die wilden Tiere würden bald kommen und sie zerreißen.« »O du Narr«, sagte sie, »dann müssen wir alle viere Hungers sterben, du kannst nur die Bretter für die Särge hobelen«, und ließ ihm keine Ruhe, bis er einwilligte. »Aber die armen Kinder dauern mich doch«, sagt der Mann. Die zwei Kinder hatten vor Hunger auch nicht einschlafen können und hatten gehört, was die Stiefmutter zum Vater gesagt hatte. Gretel weinte bittere Tränen und sprach zu Hänsel: »Nun ists um uns geschehen.« »Still, Gretel«, sprach Hänsel, »gräme dich nicht, ich will uns schon helfen.« Und als die Alten eingeschlafen waren, stand er auf, zog sein Röcklein an, machte die Untertüre auf und schlich sich hinaus. Da schien der Mond ganz helle, und die weißen Kieselsteine, die vor dem Haus lagen, glänzten wie lauter Batzen. Hänsel bückte sich und steckte so viel in sein Rocktäschlein, als nur hinein wollten. Dann ging er wieder zurück, sprach zu Gretel: »Sei getrost, liebes Schwesterchen, und schlaf nur ruhig ein, Gott wird uns nicht verlassen«, und legte sich wieder in sein Bett.

Als der Tag anbrach, noch ehe die Sonne aufgegangen war, kam schon die Frau und weckte die beiden Kinder: »Steht auf, ihr Faulenzer, wir wollen in den Wald gehen und Holz holen.« Dann gab sie jedem ein Stückchen Brot und sprach: »Da habt ihr etwas für den Mittag, aber eßts nicht vorher auf, weiter kriegt ihr nichts.« Gretel nahm das Brot unter die Schürze, weil Hänsel die Steine in der Tasche hatte. Danach machten sie sich alle zusammen auf den Weg nach dem Wald.

Als sie ein Weilchen gegangen waren, stand Hänsel still und guckte nach dem Haus zurück und tat das wieder und immer wieder.

Der Vater sprach: »Hänsel, was guckst du da und bleibst zurück, hab acht und vergiß deine Beine nicht.«

»Ach, Vater«, sagte Hänsel, »ich sehe nach meinem weißen Kätzchen, das sitzt oben auf dem Dach und will mir Ade sagen.«

Die Frau sprach: »Narr, das ist dein Kätzchen nicht, das ist die Morgensonne, die auf den Schornstein scheint.«

Hänsel aber hatte nicht nach dem Kätzchen gesehen,

sondern immer einen von den blanken Kieselsteinen aus seiner Tasche auf den Weg geworfen.

Als sie mitten in den Wald gekommen waren, sprach der Vater: »Nun sammelt Holz, ihr Kinder, ich will ein Feuer anmachen, damit ihr nicht friert.« Hänsel und Gretel trugen Reisig zusammen, einen kleinen Berg hoch. Das Reisig ward angezündet, und als die Flamme recht hoch brannte, sagte die Frau: »Nun legt euch ans Feuer, ihr Kinder, und ruht euch aus, wir gehen in den Wald und hauen Holz. Wenn wir fertig sind, kommen wir wieder und holen euch ab.«

Hänsel und Gretel saßen am Feuer, und als der Mittag kam, aß jedes sein Stücklein Brot. Und weil sie die Schläge der Holzaxt hörten, so glaubten sie, ihr Vater wäre in der Nähe. Es war aber nicht die Holzaxt, es war ein Ast, den er an einen dürren Baum gebunden hatte und den der Wind hin und her schlug. Und als sie so lange gesessen hatten, fielen ihnen die Augen vor Müdigkeit zu, und sie schliefen fest ein.

Als sie endlich erwachten, war es schon finstere Nacht.

Gretel fing an zu weinen und sprach: »Wie sollen wir nun aus dem Wald kommen!«

Hänsel aber tröstete sie: »Wart nur ein Weilchen, bis der Mond aufgegangen ist, dann wollen wir den Weg schon finden.«

Und als der volle Mond aufgestiegen war, so nahm Hänsel sein Schwesterchen an der Hand und ging den Kieselsteinen nach, die schimmerten wie neugeschlagene Batzen und zeigten ihnen den Weg. Sie gingen die ganze Nacht hindurch und kamen bei anbrechendem Tag wieder zu ihres Vaters Haus. Sie klopften an die

Tür, und als die Frau aufmachte und sah, daß es Hänsel und Gretel waren, sprach sie: »Ihr bösen Kinder, was habt ihr so lange im Wald geschlafen, wir haben geglaubt, ihr wolltet gar nicht wiederkommen.« Der Vater aber freute sich, denn es war ihm zu Herzen gegangen, daß er sie so allein zurückgelassen hatte.

Nicht lange danach war wieder Not in allen Ecken, und die Kinder hörten, wie die Mutter nachts im Bette zu dem Vater sprach: »Alles ist wieder aufgezehrt, wir haben noch einen halben Laib Brot, hernach hat das Lied ein Ende. Die Kinder müssen fort, wir wollen sie tiefer in den Wald hineinführen, damit sie den Weg nicht wieder herausfinden; es ist sonst keine Rettung für uns.«

Dem Mann fiels schwer aufs Herz, und er dachte: »Es wäre besser, daß du den letzten Bissen mit deinen Kindern teiltest.«

Aber die Frau hörte auf nichts, was er sagte, schalt ihn und machte ihm Vorwürfe. Wer A sagt, muß auch B sagen, und weil er das erste Mal nachgegeben hatte, so mußte er es auch zum zweiten Mal.

Die Kinder waren aber noch wach gewesen und hatten das Gespräch mit angehört. Als die Alten schliefen, stand Hänsel wieder auf, wollte hinaus und Kieselsteine auflesen wie das vorige Mal, aber die Frau hatte die Tür verschlossen, und Hänsel konnte nicht heraus. Aber er tröstete sein Schwesterchen und sprach: »Weine nicht, Gretel, und schlaf nur ruhig, der liebe Gott wird uns schon helfen.«

Am frühen Morgen kam die Frau und holte die Kinder aus dem Bette. Sie erhielten ihr Stückchen Brot, das war aber noch kleiner als das vorige Mal. Auf dem Wege nach dem Wald bröckelte es Hänsel in der Tasche, stand oft still und warf ein Bröcklein auf die Erde.

»Hänsel, was stehst du und guckst dich um?« sagte der Vater, »geh deiner Wege.«

»Ich sehe nach meinem Täubchen, das sitzt auf dem Dache und will mir Ade sagen«, antwortete Hänsel.

»Narr«, sagte die Frau, »das ist dein Täubchen nicht, das ist die Morgensonne, die auf den Schornstein scheint.«

Hänsel aber warf nach und nach alle Bröcklein auf den Weg.

Die Frau führte die Kinder noch tiefer in den Wald, wo sie ihr Lebtag noch nicht gewesen waren. Da ward wieder ein großes Feuer angemacht, und die Mutter sagte:

»Bleibt nur da sitzen, ihr Kinder, und wenn ihr müde seid, könnt ihr ein wenig schlafen; wir gehen in den Wald und hauen Holz, und abends, wenn wir fertig sind, kommen wir und holen euch ab.«

Als es Mittag war, teilte Gretel ihr Brot mit Hänsel, der sein Stück auf den Weg gestreut hatte. Dann schliefen sie ein, und der Abend verging, aber niemand kam zu den armen Kindern.

Sie erwachten erst in der finstern Nacht, und Hänsel tröstete sein Schwesterchen und sagte: »Wart nur, Gretel, bis der Mond aufgeht, dann werden wir die Brotbröcklein sehen, die ich ausgestreut habe, die zeigen uns den Weg nach Haus.«

Als der Mond kam, machten sie sich auf, aber sie fanden keine Bröcklein mehr, denn die vieltausend Vögel, die im Walde und im Felde umherfliegen, die hatten sie weggepickt.

Hänsel sagte zu Gretel: »Wir werden den Weg schon finden«, aber sie fanden ihn nicht. Sie gingen die ganze Nacht und noch einen Tag von Morgen bis Abend, aber sie kamen aus dem Wald nicht heraus und waren so hungrig, denn sie hatten nichts als die paar Beeren, die auf der Erde standen. Und weil sie so müde waren, daß die Beine sie nicht mehr tragen wollten, so legten sie sich unter einen Baum und schliefen ein.

Nun wars schon der dritte Morgen, daß sie ihres Vaters Haus verlassen hatten. Sie fingen wieder an zu gehen, aber sie gerieten immer tiefer in den Wald, und wenn nicht bald Hilfe kam, so mußten sie verschmachten.

Als es Mittag war, sahen sie ein schönes, schneeweißes Vöglein auf einem Ast sitzen, das sang so schön, daß sie stehenblieben und ihm zuhörten.

Und als es fertig war, schwang es seine Flügel und flog vor ihnen her, und sie gingen ihm nach, bis sie zu einem Häuschen gelangten, auf dessen Dach es sich setzte, und als sie ganz nahe herankamen, so sahen sie, daß das Häuslein aus Brot gebacken war und mit Kuchen gedeckt; aber die Fenster waren von hellem Zucker.

»Da wollen wir uns dranmachen«, sprach Hänsel, »und eine gesegnete Mahlzeit halten. Ich will ein Stück vom Dach essen, Gretel, du kannst vom Fenster essen, das schmeckt süß.«

Hänsel reichte in die Höhe und brach sich ein wenig vom Dach ab, um zu versuchen, wie es schmeckte, und Gretel stellte sich an die Scheiben und knupperte daran.

Da rief eine feine Stimme aus der Stube heraus:

»Knuper, knuper, kneischen,
wer knupert an meinem Häuschen?«

Die Kinder antworteten:

»Der Wind, der Wind,
das himmlische Kind«

und aßen weiter, ohne sich irremachen zu lassen. Hänsel, dem das Dach sehr gut schmeckte, riß sich ein großes Stück davon herunter, und Gretel stieß eine ganze runde Fensterscheibe heraus, setzte sich nieder und tat sich wohl damit.

Da ging auf einmal die Türe auf, und eine steinalte Frau, die sich auf eine Krücke stützte, kam herausgeschlichen. Hänsel und Gretel erschraken so gewaltig, daß sie fallen ließen, was sie in den Händen hielten.

Die Alte aber wackelte mit dem Kopfe und sprach: »Ei, ihr lieben Kinder, wer hat euch hierher gebracht? Kommt nur herein und bleibt bei mir, es geschieht euch kein Leid.«

Sie faßte beide an der Hand und führte sie in ihr Häuschen. Da ward gutes Essen aufgetragen, Milch und Pfannekuchen mit Zucker, Äpfel und Nüsse. Hernach wurden zwei schöne Bettlein weiß gedeckt, und Hänsel und Gretel legten sich hinein und meinten, sie wären im Himmel.

Die Alte hatte sich nur so freundlich angestellt, sie war aber eine böse Hexe, die den Kindern auflauerte, und hatte das Brothäuslein bloß gebaut, um sie herbeizulokken. Wenn eins in ihre Gewalt kam, so machte sie es tot, kochte es und aß es, und das war ihr ein Festtag. Die Hexen haben rote Augen und können nicht weit sehen, aber sie haben eine feine Witterung wie die Tiere und merkens, wenn Menschen herankommen. Als Hänsel und Gretel in ihre Nähe kamen, da lachte sie boshaft und sprach höhnisch: »Die habe ich, die sollen mir nicht wieder entwischen.«

Frühmorgens, ehe die Kinder erwacht waren, stand sie schon auf, und als sie beide so lieblich ruhen sah, mit den vollen roten Backen, so murmelte sie vor sich hin: »Das wird ein guter Bissen werden.«

Da packte sie Hänsel mit ihrer dürren Hand und trug ihn in einen kleinen Stall und sperrte ihn mit einer Gittertüre ein; er mochte schreien, wie er wollte, es half ihm nichts.

Dann ging sie zur Gretel, rüttelte sie wach und rief: »Steh auf, Faulenzerin, trag Wasser und koch deinem Bruder etwas Gutes, der sitzt draußen im Stall und soll fett werden. Wenn er fett ist, so will ich ihn essen.«

Gretel fing an bitterlich zu weinen, aber es war alles vergeblich, sie mußte tun, was die böse Hexe verlangte.

Nun ward dem armen Hänsel das beste Essen gekocht, aber Gretel bekam nichts als Krebsschalen. Jeden Morgen schlich die Alte zu dem Ställchen und rief: »Hänsel, streck deine Finger heraus, damit ich fühle, ob du bald fett bist.«

Hänsel streckte ihr aber ein Knöchlein heraus, und die Alte, die trübe Augen hatte, konnte es nicht sehen und meinte, es wären Hänsels Finger, und verwunderte sich, daß er gar nicht fett werden wollte.

Als vier Wochen herum waren und Hänsel immer mager blieb, da überkam sie die Ungeduld, und sie wollte nicht länger warten. »Heda Gretel«, rief sie dem Mädchen zu, »sei flink und trag Wasser: Hänsel mag fett oder mager sein, morgen will ich ihn schlachten und kochen.«

Ach, wie jammerte das arme Schwesterchen, als es das Wasser tragen mußte, und wie flössen ihm die Tränen über die Backen herunter!

»Lieber Gott, hilf uns doch«, rief sie aus, »hätten uns nur die wilden Tiere im Wald gefressen, so wären wir doch zusammen gestorben.« »Spar nur dein Geplärre«, sagte die Alte, »es hilft dir alles nichts.«

Frühmorgens mußte Gretel heraus, den Kessel mit Wasser aufhängen und Feuer anzünden.

»Erst wollen wir backen«, sagte die Alte, »ich habe den Backofen schon eingeheizt und den Teig geknetet!«

Sie stieß das arme Gretel hinaus zu dem Backofen, aus dem die Feuerflammen schon herausschlugen.

»Kriech hinein«, sagte die Hexe, »und sieh zu, ob recht eingeheizt ist, damit wir das Brot hineinschießen können.« Und wenn Gretel darin war, wollte sie den Ofen zumachen, und Gretel sollte darin braten, und dann wollte sie's auch aufessen.

Aber Gretel merkte, was sie im Sinn hatte, und sprach: »Ich weiß nicht, wie ichs machen soll; wie komm ich da hinein?«

»Dumme Gans«, sagte die Alte, »die Öffnung ist groß genug, siehst du wohl, ich könnte selbst hinein«, krabbelte heran und steckte den Kopf in den Backofen.

Da gab ihr Gretel einen Stoß, daß sie weit hineinfuhr, machte die eiserne Tür zu und schob den Riegel vor.

Hu! da fing sie an zu heulen, ganz grauselich; aber Gretel lief fort, und die gottlose Hexe mußte elendiglich verbrennen.

Gretel aber lief schnurstracks zum Hänsel, öffnete sein Ställchen und rief: »Hänsel, wir sind erlöst, die alte Hexe ist tot!« Da sprang Hänsel heraus wie ein Vogel aus dem Käfig, wenn ihm die Türe aufgemacht wird.

Wie haben sie sich gefreut, sind sich um den Hals gefallen, sind herumgesprungen und haben sich geküßt! Und weil sie sich nicht mehr zu fürchten brauchten, so gingen sie in das Haus der Hexe hinein, da standen in allen Ecken Kasten mit Perlen und Edelsteinen. »Die sind noch besser als Kieselsteine«, sagte Hänsel und steckte in seine Taschen, was hinein wollte, und Gretel sagte: »Ich will auch etwas mit nach Haus bringen«, und füllte sein Schürzchen voll.

»Aber jetzt wollen wir fort«, sagte Hänsel, »damit wir aus dem Hexenwald herauskommen.

Als sie aber ein paar Stunden gegangen waren, gelangten sie an ein großes Wasser. »Wir können nicht hinüber«, sprach Hänsel, »ich sehe keinen Steg und keine Brücke.«

»Hier fährt auch kein Schiffchen«, antwortete Gretel, »aber da schwimmt eine weiße Ente, wenn ich die bitte, so hilft sie uns hinüber.«

Da rief sie:

»Entchen, Entchen,
da steht Gretel und Hänsel.
Kein Steg und keine Brücke, –
nimm uns auf deinen weißen Rücken.«

Das Entchen kam auch heran, und Hänsel setzte sich auf und bat sein Schwesterchen, sich zu ihm zu setzen. »Nein«, antwortete Gretel, »es wird dem Entchen zu schwer, es soll uns nacheinander hinüberbringen.«

Das tat das gute Tierchen, und als sie glücklich drüben waren und ein Weilchen fortgingen, da kam ihnen der Wald immer bekannter und immer bekannter vor, und endlich erblickten sie von weitem ihres Vaters Haus.

Da fingen sie an zu laufen, stürzten in die Stube hinein und fielen ihrem Vater um den Hals. Der Mann hatte keine frohe Stunde gehabt, seitdem er die Kinder im Walde gelassen hatte, die Frau aber war gestorben.

Gretel schüttete sein Schürzchen aus, daß die Perlen und Edelsteine in der Stube herumsprangen, und Hänsel warf eine Handvoll nach der andern aus seiner Tasche dazu. Da hatten alle Sorgen ein Ende, und sie lebten in lauter Freude zusammen. Mein Märchen ist aus, dort läuft eine Maus, wer sie fängt, darf sich eine große, große Pelzkappe daraus machen.

Literaturhinweise

Boisserand, Emile: Der Hexenhammer als Werkzeug der Inquisition. Lyon 1929.

Breucher, Istvan: Über den Ursprung der Lebkuchenbäckerei. In: Jahrbuch der Bäckerinnung Marienbad. 1923.

Ceram, C. W.: Götter, Gräber und Gelehrte. Hamburg 1949.

Daniel, Glyn E.: A Hundred Years of Archaeology. London 1950.

Freud, Sigmund: Die sexuelle Motivation in den Hexenprozessen. In: S. F.: Gesammelte Schriften. Bd. 3. Leipzig/Wien/Zürich 1924. S. 410–421.

Gloukal, Bohumil: Brüder Grimm und die Folgen. Prag 1920.

Hebenstreit, Rainer M.: Dortchen Wild in Kassel. In: Deutscher Hausfreund. [o. A.] S. 40–43.

Homer: Odyssee.

Humperdinck, Engelbert: Hansel und Gretel. Märchenspiel in drei Bildern von Adelheid Wette. Stuttgart 1952.

Konetzny, Albert: Humperdinck und die Degeneration der Oper. In: Mitteilungen der Philharmonischen Gesellschaft Olmütz. Olmütz 1896. S. 332.

Landmann, Max: Hänsel und Gretel im Lichte der Rechtsfindung. In: Neue juristische Wochenschrift. Heidelberg 1955. S. 332.

Ludwig, Emil: Schliemann. Berlin 1932.

Lüthi, Max: Das Europäische Volksmärchen, Form und Wesen. 2. Aufl. Bern/München 1960.

Mjölnir, Ludwig: Grimms Märchen in völkischer Sicht. In: VDA-Schulungsbriefe. Jg. 4. Stuttgart 1938. S. 126–128.

Mergenthaler, F. E.: Das Pfefferkuchenhaus als moralische Anstalt. Wien 1860.

Modersohn, Emil: Das Hexenmotiv bei den Krimtataren. Lübeck 1919.

Morus (Richard Lewinsohn): Eine Weltgeschichte der Sexualität. Hamburg 1956.

Moses: 1. Mos. 11.

Notge, Eberhard (Hrsg.): Andreas Gryphius und sein Kreis. Leipzig 1920.

Selbmann, Walter: Katharina Viehmännin, die Zwehrener Märchenfrau, in neuerer Sicht. Würzburg 1962.

Soldan, W. G. / Heppe, H.: Geschichte der Hexenprozesse. 2 Bde. 3. Aufl. Stuttgart 1912.

Suttner, Berta: Von Jacob Grimm bis Ludendorff. In: Gedanken einer Pazifistin. Remscheid 1915.

Taubert, Alf: Die Märchenillustration des 19. Jahrhunderts. Habilitationsschrift. Mainz 1913.

Piggins, Sir Walter: Hansel und Gretel. A Study in German Cruelty. Oxford 1946.

Wolley, C. Leonard: Mit Hacke und Spaten. Leipzig 1950.

Zeittafel

1618 (?)	Katharina Schraderin *
1634–1638	Katharina in Quedlinburg
Januar 1647	Sie zieht auf den Engelesberg
15.7.1647	Der Hexenprozess zu Gelnhausen
20. (?) 7.1647	Katharina Schraderin †
1651	Die Wernigeroder Handschrift
4.1.1785	Jacob Grimm*
24.2.1786	Wilhelm Grimm*
1812	*Kinder- und Hausmärchen*, 1. Band
1815	*Kinder- und Hausmärchen*, 2. Band
1818	*Deutsche Kinder- und Hausmärchen*, Leipzig: bei Dorfeldt, mit 7 Kupfern
16.12.1859	Wilhelm Grimm †
20.9.1863	Jacob Grimm †
21.5.1919	Georg Ossegg*
21.5.1930	Das Experiment mit dem süßen Brei
15.1.1945	Evakuierung Osseggs in den Spessart
5.4.1945	Ossegg findet den ersten Hinweis auf den Hexenwald
Mai 1954	Das sogenannte Vaterhaus von Hänsel und Gretel wird abgebrochen
Januar	Ossegg trifft in Aschaffenburg ein

30.3.1962	Die textkritische Untersuchung wird durchgeführt
10.5.1962	G. O. trifft in der Gemarkung 7 ein
15.5.1962	Er findet den Rastplatz im Walde
10.7.1962	Beginn der Grabungen auf dem Engelesberg
15.7.1962	Die zweite Grabung
28.9.1962	Die Wernigeroder Handschrift aufgefunden

»Jetzt lacht die Hexe sich ins Fäustchen!«

Einiges zur Entstehungs- und Wirkungsgeschichte dieses Buches

Anfang 1963 las ich *Götter, Gräber und Gelehrte* von C. W. Ceram, ein Buch, das damals jeder kannte. Es war das erste in einer langen Reihe von populärwissenschaftlichen Büchern über die Spatenforschung, das mir zu Gesicht kam, und hatte viele Nachfolger: *Und die Bibel hat doch recht*, *Tiefe Schlucht und schwarzer Berg*, *Mit dem Fahrstuhl in die Römerzeit* etc. In all diesen Büchern, die Millionenauflagen erreichten, wurde geforscht und geschürft, in Mesopotamien, in Ägypten und in der Türkei, z.B. von Schliemann, der mit nichts als Homers *Odyssee* in der Hand Troja fand.

Ich gehörte damals zusammen mit einem halben Dutzend Freunden zu den Mitbegründern von *Pardon*, einer stramm antiautoritären Zeitschrift. Mit Scherz, Satire und Ironie schafften wir uns Luft in der bräsigen Republik Konrad Adenauers. Besonders die geschriebene und gezeichnete Parodie war das bevorzugte Stilmittel unserer Truppe, der nichts heilig war.

Da wir das Jahr 1963 schrieben – Jubiläumsjahr von Jakob Grimms 100. Todestag – lag es nahe, in Grimms Märchenschatz nachzugraben, und warum nicht gleich beim bekanntesten, dem von »Hänsel und Gretel«!

Damit löste ich eine Lawine aus.

In einer berühmten Sequenz der frühen Kinematographie, in dem Stummfilm *Die 1000 Bräute*, läuft Buster Keaton wie ein Hase einen Abhang hinunter, inmitten von herunterpolternden Felsbrocken, denen er immer nur um Haaresbreite ausweichen kann.

Das war meine Situation nach Erscheinen des Buches. Am Ende war ich genauso erschöpft und genervt wie Buster und verwünschte mehr als einmal meine Idee, diese Mystifikation zu schreiben.

Vierzig lange Jahre nach dem Erscheinen der *Wahrheit* gab es kaum eine Woche ohne Anruf oder ohne Brief eines Buchkäufers (inzwischen die nächste und übernächste Generation), und manchem angekündigten Besuch konnte ich nur mit knapper Not entgehen.

Ich erinnere mich mit besonderer Pein an ein Dreiergespräch mit Vater und Sohn. Der Sohn war von der *Wahrheit* überzeugt, der Vater zweifelte. Der Streit eskalierte, auf dem Höhepunkt rissen sie sich den Hörer gegenseitig aus den Händen und teufelten aufeinander und anschließend auf mich ein. Ich kam kaum noch zu Wort und legte schließlich leise den Hörer auf. Wer weiß, wie lang die beiden noch miteinander stritten.

Dabei hatte alles so idyllisch angefangen, auf einem Spaziergang im Taunus. Dort, vor den Mauerresten eines römischen Wachturms in der Nähe der Saalburg, zündete der Funke.

Da ich durch meine journalistische Arbeit für *Pardon* an eine zügige Ideenfindung gewöhnt war, entstand die erste Niederschrift in einer knappen Woche.

Dann wurde recherchiert.

Ich las das Gerichtsprotokoll des Jeanne-d'Arc-Prozesses, das wunderbarerweise die Jahrhunderte überdauert hat. Ich vertiefte mich in die Beschreibung eines Hexenprozesses in Niederbayern, an dessen Ende für die ganze Familie ein Scheiterhaufen stand. Ich verbrachte einige Tage im Brüder-Grimm-Museum in Kassel, dessen freundlicher Direktor, Dr. Denecke, dafür sorgte, dass immer mehr Bibliothekskarren mit historischen Wälzern neben meinem Pult standen.

Am meisten faszinierte mich die vergleichende Märchenforschung. Hier erfuhr ich, dass es rund um unseren Erdball, in allen Kulturen verblüffend ähnliche Märchenmotive gibt, im Sinne von C. G. Jungs »kollektivem Unbewussten«. Da ist etwa das Fluchtmotiv: Die unschuldig verfolgten Kinder werfen etwas hinter sich, einen Kamm oder einen Ring, und schon wächst ein gläserner Berg aus dem Boden, den die blutgierige Hexe nicht überwinden kann.

Diesen Topos gibt es bei der Urbevölkerung von Borneo, bei den Inuit in Grönland und bei den brasilianischen Indianern seit Urzeiten, obwohl diese Stämme nie Kontakt miteinander haben konnten.

Mein Verhältnis zu Dr. Denecke verlief nicht ganz unproblematisch. Obwohl er von meinen parodistischen Absichten nichts ahnte, reagierte er auf die Ankündigung des Buches zunächst sehr freundlich (siehe Leserbriefe).

Nach der Lektüre schrieb er eine ausführliche vernichtende Kritik für die Ruhr-Nachrichten und forderte barsch, das »verunglückte Witzbuch […] einzustampfen«.

Viele Jahre später trafen wir uns bei einem Staatsakt zur Feier des 200. Geburtstags von Jakob und Wilhelm Grimm im Staatstheater Kassel wieder. Ich hielt dort den Festvortrag über den Malerbruder Ludwig Emil Grimm – und wir versöhnten uns vollständig. Er war inzwischen im Ruhestand, und wir hatten viel zu lachen.

Der Bildteil der *Wahrheit* nahm dann schon etwas mehr Zeit in Anspruch.

Zuerst rief ich einen Freund in Regensburg an, wo ich die ersten Nachkriegsjahre verbracht hatte, und vergewisserte mich, dass die Folterkammer im Alten Rathaus – seit Jahrhunderten an ihrem Ursprungsort – noch immer unverändert und zugänglich sei. Er sorgte dann auch dafür, dass Wilkin F. Spitta diese eindrucksvollen Fotos schoss. Sie waren schließlich das einzig Authentische in meinem Elaborat und überzeugten viele Leser.

Gleichzeitig fuhr ich mit Peter von Tresckow, der über eine prächtige Hasselblad-Kamera und eine Dunkelkammer verfügte, zur Saalburg, einem wiederaufgebauten Limes-Kastell im Taunus. Dort fand ich die »Zerbrochene Türangel«, mit der ich den überzeugenden Beweis lieferte, dass die Mördergeschwister Hänsel & Gretel in das »Hexenhaus« eingebrochen waren. Ebenso die Mauerringe, die ich zu Backöfen erklärte, und die Sohle einer Legionärs-Sandale, die zum Hexen-Schuh mutierte. (Diese Sohle wurde später am häufigsten von aufmerksamen Lesern als Fälschung enttarnt.)

In diesem Stil ging es weiter, mit wachsendem Vergnügen. Manchmal lagen wir, der Fotograf und ich, auf der Erde vor Lachen.

Die Ausgrabungsfotos entstanden am nächsten Tag, auf der Frankfurter Großbaustelle »Nordweststadt«.

Dazu hatte ich mir eine Maskerade ausgedacht, mit einem alten Regenmantel im Stil von Inspektor Columbo, einer Lederkappe, Nickelbrille und Schnauzbart; dazu ein Backpinsel als sensibles Ausgrabungswerkzeug.

Das Lebkuchenrezept wurde in Kurrentschrift geschrieben, zerknittert und »gealtert«.

Ebenso »gealtert« wurde das Modell des Hexenhauses, das ich der Märklin-Eisenbahn-Anlage meines Sohnes Stefan entnahm.

Die Backgeräte entstammten der Puppenküche meiner Tochter Ulrike, wurden unter Protest angekokelt und mussten später ersetzt werden.

Am meisten Mühe machte die »Wernigeroder Handschrift«, also das Protokoll des Hexenprozesses. Ein wenig Grimmelshausen-Lektüre stimmte mich auf den richtigen Tonfall ein. Offenbar war mir der Text so gut gelungen, dass er von keinem einzigen Journalisten oder Leser angezweifelt wurde. Darauf bin ich heute noch ein bisschen stolz.

Andere »Beweisfotos« waren grobschlächtiger, z.B. das aus der angeblichen »Erbenheimer Polytechnischen Versuchsanstalt«, in der »die Reste des Pfefferkuchens einem radiologischen Zerfallstest unterworfen« wurden. Es zeigte nicht viel mehr als eine umgedrehte Lasagne-Form, ein TV-Kabel, ein paar Gewürzgläser und ein Schüler-Mikroskop.

Auch an dieser »Versuchsanordnung« wurde wenig Kritik geübt, was schon erstaunt, wenn man bedenkt, dass der Apparat für einen Carbon-Test etwa so groß und so lang wie ein Intercity-Zug ist und Hunderte von Millionen kostet.

Die ganze Produktion hatte sechs Wochen gedauert, aber an den Folgen trug ich vierzig Jahre. Ich beantwortete zwar keinen der vielen hundert Briefe, das überließ ich dem Verlag, der damit zeitweise drei Leute beschäftigte; schließlich hatte ich es eilig, wieder an mein Zeichenbrett zu kommen. Die Lektüre dieser Briefe, die Zeitungskritiken, Radio- und Fernsehbeiträge und was ich am Telefon zu hören bekam, war peinigend genug (siehe Anhang).

Ganze Schulklassen, eine sogar aus Dänemark, pilgerten in den Spessart, um auf dem Berg, den sie für den Engelesberg hielten, nach den Fundamenten des Hexenhauses zu graben. Ein erbostes Pärchen aus Nordrhein-Westfalen schickte mir die Benzinrechnung für die vergebliche Reise.

Wie unangenehm mir das alles war!

Ich war doch sicher gewesen, genügend deutliche Hinweise darauf im Text und in den Bildern versteckt zu haben, dass die *Wahrheit* eine faustdicke Flunkerei war.

Aber die Wunschvorstellung, Hänsel und Gretel hätten wirklich gelebt, war wohl stärker als jeder Zweifel, der da und dort aufkam.

So wiesen mich mehrere Leser darauf hin, dass mir in der Sache mit der Schleifspur des Astes in 25 Meter Höhe wohl ein Fehler unterlaufen sei. Da Bäume nach oben austreiben, könne die Kerbe nur geringfügig mitgewachsen sein, ein paar Zentimeter etwa. Aber sonst sei alles toll.

Oder: Der Schneider von Ulm sei 1811 in die Donau gestürzt, also könne die Wernigeroder Handschrift nicht von 1647 stammen. Zweifel am Ganzen ließen diese kleinen Schönheitsfehler indessen nicht aufkommen.

Auch als Anfang 1964 die wahre Wahrheit ans Licht kam, wollten sich viele Leser nicht von ihren Träumen lösen. Etwas, so der Tenor fast aller Zuschriften und Anrufe, müsse an der Sache ja wohl dran sein.

Dann meldete sich Peter Zadek, der damals in Bremen die deutsche Theaterszene aufmischte. Wir trafen uns ein paar Mal, in Frankfurt, in Bremen, in Berlin. Ihm schwebte eine Art Pop-Revue vor. Ich fand keine Einstellung dazu, und obwohl er mir einen erfahrenen Ghostwriter zur Seite stellte, zog ich zurück. Die ganze Sache war mir einfach über den Kopf gewachsen.

Dann kam der Film, und es kam Jean-Pierre Léaud, der große Truffaut-Star, der den Georg Ossegg spielte. Ich hatte dem Regisseur Thees Klahn freie Hand gegeben, ich wollte mich überraschen lassen – und hatte keine Ahnung, was mich bei der Premiere in einem Frankfurter Programmkino erwarten würde.

Es war ein Desaster.

Die Hexe spielte ein Berliner Transvestit. Léaud, der berühmteste Star der Nouvelle Vague, bewunderter Held der vier Doinel-Filme, sprach kein Deutsch und bewegte sich merkwürdig fremd in der Dekoration. Außerdem war er viel zu schön für den verschrobenen Studienrat Ossegg. Da konnten auch Hark Bohm und der unvergessene Alexander-Kluge-Star Alfred Edel nichts mehr retten.

Der Film verschwand, der Verlag Bärmeier & Nikel gab auf, das Buch wanderte durch mehrere Verlage und erlebte eine Auflage nach der anderen, jahrzehntelang. Ich zuckte immer noch zusammen, wenn das Telefon läutete. Vom Büchermachen wollte ich lange nichts mehr wissen.

Erst 1979 hatte ich mich soweit erholt, dass ich *Die*

Reise nach Jerusalem veröffentlichte, ein Buch mit Bildergedichten über Papst Paul VI., das keinerlei Zweifel an seinem Wahrheitsgehalt zuließ.

Seither habe ich vierzig Bücher gezeichnet und geschrieben, aber eine Mystifikation war nicht darunter.

Hans Traxler

Grausame Tatsachen!

Was die Zeitungen schrieben

»Hänsel und Gretel ein Mörderpaar?
München (BZA). Die Brüder Grimm haben ›Hänsel und Gretel‹ nach Vorlage eines berüchtigten Kriminalfalls des 17. Jahrhunderts umgedichtet. Zu diesem Schluss kam der Ethnograph Hans Traxler auf Grund von Gerichtsprotokollen und Ausgrabungen.«

(*BZ am Abend*, Ostberlin, 25.1.1964)

»Das Buch der Woche?
Nein, das Buch des Jahres, vielleicht des Jahrzehnts!«

(*Abendzeitung*, München, 10.11.1963)

»Zu den Ergebnissen dieser Entdeckungen werden wohl die verschiedensten Fachleute einiges zu sagen haben. [...] Nicht ganz zuverlässig ist Osseggs Angabe, dass die Bakkerhexe die Erfinderin des Lebkuchens gewesen sei. Schon 1487 ließ Kaiser Friedrich III. an 4000 Nürnberger Kinder Nürnberger Lebkuchen verteilen. Die Nürnberger Firma Haeberlein und Metzger führt ihre Tradition auf den Gründer Baum zurück, der von 1593 an Nürnberger Lebkuchen produzierte.

(*Nürnberger Zeitung*, 21.12.1963)

»So sensationell Osseggs Entdeckungen sind, kritische Anmerkungen sind gleichwohl notwendig. Ihm ist offensichtlich entgangen, dass das von ihm entdeckte Rezept der Schraderin so geheim nicht ist. Es findet sich seit Jahren nahezu wörtlich in Dr. Oetkers Kochbuch – bezeichnenderweise wurde nur die Ingredienz Hirschhornsalz durch Dr. Oetkers BACKIN ersetzt! Es wäre einer genauen Untersuchung wert, wie Dr. Oetker sich in den Besitz des Rezepts setzen konnte. Immerhin muss auffallen, dass sich Dr. Oetker in den Nachkriegsjahren rasch vom Puddingfabrikanten zum Eigentümer einer großen Reedereiflotte entwickelte.«

(*Die Zeit*, 25.10.1963)

»›Aber den Brüdern Grimm derart grausame Tatsachen als Nachdichtungen zu unterstellen, ist eine Vermutung, die wissenschaftlich nicht bewiesen wird‹, erklärte dazu der wissenschaftliche Mitarbeiter der Humboldt-Universität, Gerhard Hojer.«

(*Neue BILD-Zeitung*, Ostberlin, März 1964)

»Man könnte auch das Schweißtuch der heiligen Veronika, wenn man es hätte und besäße, auf seine ›Echtheit‹ chemisch untersuchen. Ja, man könnte so vieles, wenn nicht gewisse Dinge im Leben ein gewisses Maß von Ehrfurcht und Andacht voraussetzten. [...] Es ist kaum zu glauben, in welche geradezu grausamen Abirrungen gegenwärtiges Denken geraten kann, wenn es seines geistigen Ursprunges vergisst [...].«

(*Gegenwart. Monatsschrift für freies Geistesleben und soziale Dreigliederung*, Bern, März 1964)

»Ook waren Hans en Grietje niet de onschuldige slachtoffertjes.«

(*Volkskunde en Naamkunde*, Amsterdam, 1964)

»Dieses Buch übertrifft an Spannung mühelos die meisten Kriminalromane.«

(*Nachtdepesche*, 1964)

»De kann forhabentlig gore VINDUET en tjeneste, som Alfred Hitchcock har bedt om mange gane for.«

(*Extrabladet*, Kopenhagen, 10.7.1964)

»Es klingt fast wie ein Märchen«

(*Woche*, Olten/Zürich, 1.4.1964)

»Neben dem Gang der Osseggschen Untersuchung selbst überzeugt auch der große wissenschaftliche Apparat […]. Dies alles deutet auf die Gründlichkeit hin, mit der das erste märchenarchäologische Werk der Weltgeschichte verfasst wurde. Das Wort hat nun die Germanistik! Gründlich sind die Ergebnisse und möglichen Irrtümer Georg Osseggs zu prüfen. Endet die Untersuchung ablehnend, ist immerhin die Absicht zu loben. Ist aber das Gegenteil der Fall, dann sollte Ossegg als Geburtshelfer der Märchen-Archäologie zu ihrem ersten Ordinarius nach Frankfurt berufen werden.«

(*Frankfurter Rundschau*, 21.12.1963)

»Eine einzige einschränkende Bemerkung sei erlaubt: Es ist sehr bedauerlich, dass Ossegg – durch welche Umstände auch immer – gezwungen war, seinen Forschungsbericht von einem gewissen Herrn Traxler (der uns schon durch eine Reihe unseriöser Veröffentlichungen – z. B. in der höchst fragwürdigen Zeitschrift PARDON – aufgefallen ist) niederschreiben zu lassen: [...] Dennoch: Städtische Büchereien können die Abhandlung bereitstellen.«

(*Bücherei und Bildung. Fachzeitschrift des Vereins deutscher Volksbibliothekare*, Heft 4, Jg. 16)

Eine Studienrätin schrieb an den »Kollegen« Ossegg: »Woher nahmen Sie die Zeit? Haben Sie diese Forschungen neben dem Dienst gemacht oder sich beurlauben lassen?«

(*Christ und Welt*, 14.2.1964)

»Frau Dr. Waltraud Wöller vom Institut für Völkerkunde und deutsche Volkskunde an der Ostberliner Humboldt-Universität, erklärte jetzt: ›Verfasser des Buches ist auch nicht der als Ethnograph oder Journalist bezeichnete Hans Traxler, dieser ist überhaupt nicht existent, sondern das Buch stammt von G. Ossegg, dem »Ausgräber« selbst, der nach einer nachträglichen Erklärung das Ganze als Parodie gemeint haben will.‹«

(*Schwäbische Donauzeitung*, 23.5.1964)

»Erst kürzlich ist dieses Buch der Märchenforschung erschienen: Es hat schon eine Auflage von weit über 200 000 erreicht.«

(*Rheinzeitung*, Koblenz 31.12.1963)

»Das Tollste aber, die Hexe stamme aus Wernigerode.«

(*Wernigeröder Zeitung*, April 1964)

»Dass Ossegg auch noch das verschwundene Lebkuchenrezept fand und sogar ein Stück echten Hexen-Lebkuchens (aus der Zeit des Dreißigjährigen Kriegs) darf bei dem Glück, das über allen seinen Unternehmungen waltet, kaum wundern.«

(*Badische Zeitung*, 14.3.1964)

»Wie ist es möglich, dass sich ein Oberstudienrat, ein Erzieher in den Oberklassen, bar jeden Instinktes für den Wirklichkeitsgehalt der Märchenbilder erweist?«

(Leserbrief an *Die Zeit*, 22.11.1963)

»Auch die Verhaltensweise der Gebrüder Grimm erscheint nach dem Lesen dieses Buches, das in den USA in kürzester Zeit zu einem Bestseller wurde, in einem neuen, recht eigenartigen Licht.«

(*Nachtdepesche*, 18.1.1964)

»Am überraschendsten vielleicht ist die Verwandlung der ›Hexe‹ unter der Sonde des Forschers.«

(*Rheinischer Merkur*, 11.10.1963)

»Die einzige und gar nicht beschwerliche Aufgabe, die dem Gebildeten jetzt noch zufällt, ist die aufmerksame Lektüre des packenden Forschungsberichtes DIE WAHRHEIT ÜBER HÄNSEL UND GRETEL.«

(*Frankfurter Allgemeine Zeitung*, 27.11.1963)

»Sandheden om Hans og Grete«

(*Politiken*, Kopenhagen, 22.12.1963)

»Man beginnt zu lesen, stutzt, staunt, glaubt, zweifelt, neigt dann doch wieder dazu, zu glauben, und zweifelt erneut. Wenn der Rezensent nicht von allen guten Geistern verlassen ist, handelt es sich hier um den größten literarischen Ulk der Gegenwart.«

(*Offenbach-Post*, 1964)

»Non e vero, ma ben trovato. Ein verdienstlicher, begrüßenswerter Jux«

(*Freidenker. Monatsschrift der freigeistigen Vereinigung der Schweiz*, Aarau, Mai 1964)

»Mittwoch Abend erklärte der Autor im Zweiten Deutschen Fernsehen, was viele gleich erkannt hatten: seine Dokumentation sei von A bis Z erfunden.«

(*Arbeiterzeitung*, Wien, 15.4.1964)

»Der größte literarische Jux des letzten Jahres ist geplatzt […]. Die Antwort: ein Sturm der Empörung.«

(*Der Abend*, 14.3.1964)

»Jetzt lacht die Hexe sich ins Fäustchen.«

(*Berliner Morgenpost*, 14.3.1964)

»18 ausländische Verlage bewarben sich um die Lizenzausgabe des Traxler-Buches, weil sie eine wissenschaftliche Sensation witterten. Die Parodie erwies sich als ›der größte literarische Jux der letzten Jahre‹.«

(*Der Spiegel*, 8.7.1964)

»Die Hexe war 35. Hunderttausende fielen auf Literaturbluff herein.«

(*Kölner Stadtanzeiger*, 3.4.1964)

»Noch nie jedoch ist die Wissenschaftshörigkeit [...] so köstlich auf den Arm genommen worden und so raffiniert: Denn der detektivische Spürsinn, die Beweisführung des Eulenspiegels Traxler sind wahrhaft bestechend, und hätte er nicht mit Absicht so viele Pferdefüße herausgucken lassen, wer weiß, wie viele Kritiker noch auf seinen ›großen wissenschaftlichen Apparat‹ reingefallen wären!«

(*Stuttgarter Nachrichten*, 4.4.1964)

»Der ›Frankfurter Rundschau‹ imponierte der ›große wissenschaftliche Apparat‹, der sie völlig überzeugte. Und dieser ist ja auch wahrhaft eindrucksvoll. Im Literaturhinweis begegnet man Quellenwerken wie: Mergenthaler, F. E.: ›Das Pfefferkuchenhaus als moralische Anstalt‹, Wien 1860 oder den ›Mitteilungen der Philharmonischen Gesellschaft Olmütz‹. Das Stichwortregister ist so gründlich, dass man getrost unter ›Hanfschnur‹, ›Kuchen‹ oder ›Ente‹ nachschlagen kann.«

(*Wiesbadener Kurier*, 17.4.1964)

»Der Herborner Rechtsanwalt Josef Sieber fühlte sich ›nicht nur düpiert, sondern auch geschädigt‹. Er erstattete Anzeige wegen Betrugs.«

(*Der Spiegel*, 8.7.1964)

»Autor Hans Traxler musste im Frankfurter Polizeipräsidium erscheinen und einem Kriminalhauptwachtmeister die Wahrheit über das deutsche Geschwisterpaar zu Protokoll geben. Die Aufforderung des Vernehmungsbeamten, sich gegen den Vorwurf des Betrugs zu verteidigen, lehnte Traxler ab.«

(*Frankfurter Allgemeine Zeitung*, 28.3.1964)

»Hans Traxlers Archäologen-Satire ›Die Wahrheit über Hänsel und Gretel‹, die im vergangenen Jahr in der ganzen Welt Aufsehen erregte, weil sie für wahr gehalten wurde, soll verfilmt werden. Wie der Berliner Produzent Hansjürgen Pohland mitteilte, [...].«

(*Frankfurter Rundschau*, 7.12.1965)

»O welche Fülle von Gemeinheit und Niedertracht.«

(*Nürnberger Nachrichten*, 1964)

»Es ist dem Verlag nur anzuraten, das verunglückte Witzbuch einzuziehen und einzustampfen (Dr. Denecke, Leiter des Kasseler Brüder-Grimm-Museums).«

(*Ruhr-Nachrichten*, Weihnachtsnummer 1963)

»Ich kenne eine Menge Leute, die nach der Lektüre dieses interessanten wissenschaftlichen Werkes, obwohl sie zunächst geschmunzelt hatten, auch nicht für tausend Mark mehr davon abzubringen waren, dass ›Die Wahrheit über Hänsel und Gretel‹ doch die Wahrheit sei.«

(*rundum. Schülerzeitschrift der Klinger-Schule Frankfurt am Main*, Januar 1964)

»Ist nun wirklich alles erstunken und erlogen, beispielsweise auch das umfangreiche Quellenverzeichnis, oder sind am Ende doch ein paar Kleinigkeiten wahr?«

(*Hannoversche Allgemeine*, 14.12.1963)

»Jedenfalls haben wir hier das meistbestaunte und meistbelachte wissenschaftliche Buch des Jahres vor uns:«

(*Bayerische Rundschau*, 1964)

»Jetzt bin ich es endgültig leid!«

Auszüge aus Briefen, die mich erreichten

»Mit großem Vergnügen lese ich die erste Anzeige über Hans Traxlers ›Wahrheit über Hänsel und Gretel‹. Herr Traxler war ja mehrere Tage hier in unserem Brüder-Grimm-Museum, und ich denke dieses Besuches mit besonderer Freude. Wenn ich aber eine Bitte äußern darf, so wäre es die, dass in Ihren Werbeanzeigen die Bezeichnung ›Gebrüder‹ gegen ›Brüder Grimm‹ ausgetauscht werden möchte. Die beiden haben sich selbst immer so genannt, und man sollte doch dabei bleiben. Die ›Gebrüder‹ erinnern doch zu sehr an ›Gebrüder Meier, Möbeltransport‹.«

(Dr. D., Brüder-Grimm-Museum Kassel)

»In der ›Wernigeroder Handschrift‹ wird der ›Ikarus von Ulm‹, Fußnote: gemeint ist der Schneider von Ulm, angeführt. Die Wernigeroder Handschrift ist vom Jahre 1647, der Schneider von Ulm lebte aber 1820. Über diese Unstimmigkeit bitte ich um Aufklärung.«

(E. K., Ludwigshafen)

»Ist es möglich, dass eine Lichtung nach ca. 300 Jahren noch als solche zu erkennen ist?«

(B. H., Stuttgart)

»Interessant ist, dass die Firma Haeberlein und Metzger AG, Lebkuchenfabrik in Nürnberg, immer noch existiert, und dabei heißt es doch: Unrecht Gut gedeiht nicht.«

(R. N., Bremen)

»[…] obwohl die Sache mit dem Skelett sehr verdächtig ist (die Kleinknöchelchen werden von den Humussäuren schnell aufgelöst) […].«

(L. C., Berlin)

»Die Überreste eines Bundschuhes erinnern ganz verteufelt an die Sohle eines römischen Soldatenschuhes. Nun wäre meine Frage: Ist an dieser Geschichte denn überhaupt etwas Wahres?«

(K. B., Alzenau)

»Das Sachregister ist eine reine Verhöhnung, man weiß nicht, des Lesers oder der Kollegenschaft des Autors. Alle interessierenden Quellen sind nicht aufgeführt, und alles, was aufgeführt ist, interessiert nicht.«

(Ch. und H. E., Dornach, Schweiz)

»Ihr Bestseller ›Die Wahrheit über Hänsel und Gretel‹ wurde von meinem Dozenten gelesen, der mir im Rahmen der Kunst- und Kulturgeschichte die Aufgabe gab, eine Arbeit über ›Die Bakkerhexe‹ zu schreiben.«

(N. D., cand. ing., Trier)

»Der Jugendkulturring Recklinghausen möchte Herrn Georg Ossegg, der die Ausgrabungen vornahm, zu einem Vortrag nach Recklinghausen einladen.«

(Kulturamt Recklinghausen)

»Jetzt bin ich es endgültig leid: Wer, zum Teufel, kann mir denn verbindlich sagen, was es mit dem Hänsel- und Gretel-Buch auf sich hat? Der SPIEGEL schreibt hüh, die ZEIT schreibt hott, keiner sagt, was richtig ist. Ich bitte Sie, ich flehe Sie an: Sagen Sie mir, was stimmt.«

(W. K., Dortmund)

»Habe Ihr Hänsel- u. Gretel-Buch gelesen und finde keine Ruhe mehr.«

(A. S., Nürnberg)

»Hiermit möchte ich Sie bitten, Herrn Dr. Nobu Takemura, Institute für Brain Research, University of Tokio über die Erteilung der Übersetzungs- und Druckrechte des Buches Auskunft zu erteilen. Er möchte dieses Buch in das Japanische übersetzen. Als passionierter Märchenkenner [...] und beruflicher Gerichtsmediziner ist Herr Dr. Takemura sicher der geeignetste Mann. Auf diese Weise könnte die Dokumentation eines deutschen Märchens auch in Ostasien bekannt und ein kleiner Beitrag zum Verständnis verschiedener Rassen und Völker geliefert werden [...].«

(B. K., Kiel)

[…] handelt es sich um eine Parodie. Wir nehmen jedoch an, dass das Interesse von Herrn Dr. Takemura rein wissenschaftlicher Natur ist.«

(Verlag Bärmeier & Nikel)

»Ich bin der Meinung, dass Ihr Buch nicht nur wegen der wissenschaftlich festgestellten Wahrheit interessant, sondern auch deswegen lesenswert ist, weil aus ihm die Wahrheit herauszulesen ist, dass menschlicher Fleiß mit begründetem Zweifel und festgehaltener Absicht alle Schwierigkeiten überwindet.«

(Dr. N. Takemura, University of Tokio)

»Aufgrund seines letzten Briefes haben wir jedoch den Eindruck, dass Herr Dr. Takemura unsere Ausführungen nicht ganz verstanden hat.«

(Verlag Bärmeier & Nikel)

»[…] Aber auch die Phantasie selbst kann erkrankt sein am Geist der Faktizität, so in der science fiction. Eine Parodie, die kürzlich zu lesen war: ›Die Wahrheit über Hänsel und Gretel‹, zeigt, wie Phantasie heute, wenn sie mehr als Reproduktion von Fakten gibt, erkrankt sein kann. […]«

(Th. W. Adorno, ›Philosophische Elemente einer Theorie der Gesellschaft‹, Vorlesungsmitschrift vom 2. Juni 1964)

»Meine Bewunderung für Sie steigt ins Ungemessene, wenn Sie allein das Team darstellen.«

(L. C., Berlin)

»Für eine derartig unwissenschaftliche Arbeit hätte ich niemals DM 9,80 ausgegeben.«

(Dr. E. E., München-Solln)

»Wenn Sie mit einer Parodie ein Geschäft machen wollen, dann müssen Sie Ihre Parodie als solche kennzeichnen. [...] Ich habe mich daher entschlossen, die Staatsanwaltschaft auf den Fall hinzuweisen.«

(J. S., Rechtsanwalt und Notar, Herborn)

»Sie werden gebeten, Dienstag, den 28.4.64 um 10 Uhr im Polizeipräsidium-Erweiterungsbau, Mainzer Landstraße 104, Zimmer 410, Stockwerk IV unter Vorzeigen dieses Schreibens vorzusprechen. Achtung! Keine Parkmöglichkeiten vorhanden.«

Im Auftrage L., Polizeipräsident

»Das Ermittlungsverfahren gegen den Grafiker Hans Traxler, Frankfurt/Main u. a. wegen Betruges pp. wird gemäß § 170 Abs. II StPO eingestellt. Frankfurt/Main den 27. Juni 1964. Der Oberstaatsanwalt beim Landgericht«

»Mein Lebkuchentraum ist nun zerronnen.«

(L. C., Berlin)

Personen- und Sachregister

Inhalt

Anhang